U0041359

罰球致勝

FREE THROW

7 Steps to Success at the Free Throw Line

7個關鍵時刻

突破僵局的罰球動作與心理技巧

目錄

CONTENTS

第二章

史上罰球最準的男人 41

第三章

罰球的動作機制

第四章

心理層面：聚焦與專注 115

第五章

站上罰球線 143

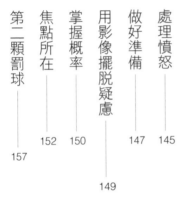

第七章

疑難排解

序言

聚焦與專注

初次聽聞安柏利醫生這號人物，我正坐在甜甜圈店喝咖啡，翻報紙，視線被一則報導吸引：一個七十二歲的退休足科醫生連續投進兩千七百五十顆罰球，創下金氏世界紀錄。

我記得自己反覆讀了幾次，想說一定有哪裡搞錯了。不可能有人能夠達到這種超完美的水平，尤其在那樣的年紀。

報導引述安柏利醫生的話說，他的罰球慣例需要六秒，有點像是「自我催眠」。多年以來，「催眠」雖然令人感到新鮮有趣，卻一直沒有打進運動心理學的核心。然而，把催眠濃縮在六秒之內，對我來說是個新穎而迷人的概念。

我向來對各種運動中的「重複動作」很有興趣。我高中時參加網球隊，深知在關鍵時刻一發出界之後，要把二發發進是一件多麼困難的事。在大學足球隊上，我被選來罰踢十二碼。這其實比籃球投進罰球還簡單。在一項比數常常是一比〇的運動中，罰踢基本上就是送分。有次比賽我們面對的是以前從未曾擊敗過的勁敵，我在罰踢的時候失敗，把球踢到球門的橫樑上空。那顆球飛越球門的情景至今歷歷在目，我還記得當時相當納悶自己的身體（或者其實是心理？）為何會在如此緊要的時刻背叛我。

後來迷上高爾夫，我很快就發現，所有想要降低桿數的高球員都面臨著同樣的問題：小白球愈接近洞口，你的神經愈緊張。就算小白球跟洞口距離只有一呎（三十公分），也會失手，類似的故事層出不窮。我想這位連續罰進兩千七百五十顆球的退休足科醫生所掌握的道理，應該能讓世上數百萬運動員獲益良多，無論你想要把網球發進界內，想要把高爾夫球推進洞內，又或者，想要把籃球投進籃框。

我一直相信，世上有一種尚未被發掘的心理秘密，可以解放運動者身上潛藏的豐沛資源，能讓身體日漸老邁的體育迷，擊敗遠比自己年輕、強壯的球員。我自己很清楚：當下的心理狀態如何，會讓我的運動表現天差地遠。可惜的是，我從來沒搞清楚到底是哪種心理狀態可以帶來更優越的表現。許多人想盡辦法想要控制心理，結果往往令人感到挫折。

後來我終於跟安柏利醫生通上電話，我告訴他：「你既然能夠連續罰進兩千七百五十顆球，一定能教我怎麼讓四呎遠的高爾夫推桿百發百中。」

他回我一個不失禮貌的笑聲，說他好幾年沒打高爾夫球了，接著補了一句：「但是，我可以教你如何聚焦與專注。」

我腦裡瞬間鈴聲大作。我聽過這兩個詞彙——聚焦與專注，聽過太多次了，但這是首度聽到它們被合在一起，而且開口的人還曾以不可思議的投籃表現，具體展現了這兩個詞彙的意義。

我約了時間與安柏利醫生會面，看他投籃。

每天早上七點到九點，安柏利醫生都會前往加州海豹灘的羅斯莫爾體育俱樂部練罰球。我到現場找他，但沒有直接踏入球場，而是走到樓上的看台觀賞他投籃。我默默數著進球數，連進二十五球之後，他轉頭看見我，揮手叫我下去。

安柏利醫生用溫暖的握手跟我打招呼，他的笑容立刻讓我感到自在。他的話語簡潔，卻充滿意義，讓我覺得自己面對的是一位禪師。舉個例子，他建議我罰球之前先脫下腕表。我問他為什麼這樣會有幫助，他回答：「我不知道，但就是會。」

我請安柏利醫生告訴我他的投籃慣例。他描述了自己採用的步驟，包括盯著充氣孔運球三下。然後他把球交給我，站到一旁。我投出國中畢業以來的第一顆罰球。沒進。

但是當天和他一起練習之後，稍晚我達到了連續罰進十球的成績。我很滿意，認為進步的原因就是先前看到安柏利醫生連續投進二十五球。近距離接觸高層次，讓我的表現跟著提升。

關於那天早晨的另一個回憶，是我希望本書的所有讀者都能體驗的東西：當安柏利醫生耐心讓我站在罰球線上最合適的位置，調整我的出手姿勢，我突然投進一顆給帶給我奇妙感受的球。彷彿身體的每一個部分都以最正確的方式合作無間。我有一種感覺，只要每一次都站在同樣的位置，使用同樣的動作，籃球就會自動找到籃框。雖然預備動作有點笨拙，出手卻是渾然天成。

在「聚焦與專注」這個新竅門的鼓舞之下，我在同一週稍後打了一輪高爾夫。高爾夫可能是最終極的心理運動，高球名將山姆·斯內德（Sam Snead）曾說，高球運動有百分之八十五決定於脖子以上。我接觸高球大約一年半，桿數落在九十出頭，跟安柏利醫生會面前一週的成績是九十三桿，跟他談話過後兩天，我竟然打出八十一桿——這是我打高球以來的最佳表現！短短一週之內，我的成績進步了十二桿。

接下來的十四週，我的高爾夫球成績全是八十幾桿，我覺得自己突破了一道障礙。然而，我的身體並沒有刻意改變任何打球方式——

除了聽從安柏利醫生的建議脫掉腕錶之外。什麼地方變了？我反覆自問，因為，我當然想要讓這樣的進步能夠長久持續。

安柏利醫生（他的朋友都叫他湯姆醫生）告訴我，無論籃球或高爾夫，從身體的角度看，你的打法可能大致上都是正確的，但如果不運用「聚焦與專注」，就永遠無法徹底發揮潛力。

那麼，到底要怎麼聚焦與專注呢？這是一個沒有人能完全回答的問題。然而，安柏利醫生比我所知的任何人都更接近答案。不然，還能怎麼解釋他在十二小時之中連續投進了兩千七百五十顆罰球？

安柏利醫生絕不會說他解決了運動心理學之謎。但單就罰球這件亟需聚焦與專注的事情上，他已經提出了最佳解法。他的訊息很簡單：**把心靈留在此時此地，別讓思緒游移，以免腦海裡突然閃現某件過去或未來的事情**。倘若出現這種狀況，就會在身體上施加壓力，導致罰球失手。

於是我與安柏利醫生合作寫出這一本書，目的是要教導球員以及教練一套特定的罰球慣例。以往的教練容許每個球員發展出各式各樣的罰球方式，無論是罰球的預備動作還是實際出手時的動作，教練給出的指導原則都是「自己覺得舒服就好」這個關鍵句。可是在罰球這件事上，還是有一個普世共通的原則：大部分的教練都同意，球員應該每次罰球都使用完全相同的慣例。

本書的邏輯就是：何不跟安柏利醫生使用相同的罰球慣例呢？畢竟，他的罰球命中率遠高於世上所有觸碰過籃球的人類。我這樣講有道理嗎？大家覺得我說的對嗎？

我將本書的初稿拿給一些教練與球員閱讀，他們測試書中的方法之後，得到了令人興奮的結果。但是，我愈投注心力撰寫這本書，愈發現我們接下了一項極具挑戰性的任務：「聚焦與專注」這種說法已經很常見了，我們能提出哪些創新的見解？對於教練及球員的「罰球」這項特定的技藝，我們還能帶來哪些具體幫助？

持續寫作的過程中，我追隨安柏利醫生前往他在幾個高中與大學舉辦的罰球診療課程。我印象最深的一次就是第一次的課程，我們去了長灘理工高中。那是一所貧民區學校，牆上滿是塗鴉，架著帶刺鋼絲圍籬，配有警衛。球員大多是非裔美國人，他們看著安柏利醫生，彷彿他是外太空生物。他們臉上的表情似乎在說：「這死老頭子能教我什麼東西？」

贏取高中生信任的第一步，就是讓湯姆醫生連續罰進二十五球。完美表現很快吸引了他們的注意。這個白髮蒼蒼的男人，走進體育館，站在罰球線上連進二十五球。破網而入的球甚至連框都沒有碰到。球員們從沒見過這種事。

接著，安柏利醫生在球隊裡徵求一名自願者。沒有人舉手。終於，教練指定了一個名叫麥可的控球後衛。他無精打采地朝罰球線走來，充滿懷疑與抗拒。在全隊的觀看與嘲笑之下，麥可連罰幾球都沒進。然後，安柏利醫生走到他面前，眼睛直視，把手放在麥可的肩膀上，輕聲跟他說話。（球員說安柏利醫生的聲音幾乎有催眠的力量。）

突然之間，麥可身上發生了某種轉變，他的整個神態突然變換，身體似乎放鬆了，但又全神灌注於投籃。籃球往上飛，到達拋物線頂點下落時破網而入。好，罰進一球而已，不算什麼。第二球，同樣的結果。他現在有信心了。三球。四球。五球。六球……他連續罰進了十球。現在，該換別人上來試試了。

安柏利醫生問：「下一個人是誰？」

所有球員都舉手。

在各校的診療課程上，我一次又一次見證這種情形。安柏利醫生能讓球員脫胎換骨。到了他下課準備離開的時候，原本抗拒且不友善的孩子們，都跑來笑著跟他擊掌，心中充滿感謝。有時候，他們甚至會擁抱他。每一次，大家都說同樣的話：「謝謝你花時間來幫助我們。」

然而，罰球的練習並不是全部，更重要的是賽場上的實際表現。湯姆醫生明白這個道理，他也會去觀看球隊比賽，當作診療課程的後續追蹤。有些時候，他所看到的情形令人失望。球員根本沒運用他的指導。比賽中面臨強大的壓力，他們又重拾本來的罰球方式。

不知為何，這些球員當初心理突破的興奮感失去了吸引力。原本發現了進球的「秘密」，但在下一次練球的時候那種熱情就消退了，他們開始回頭擁抱傳統的想法，認為自己無法掌控心理狀態。於是他們就沒辦法把球打好。

寫作本書初稿期間，我只有偶爾練習罰球。我的最佳紀錄是連進十四顆。一旦暖身完畢，平均命中率約有八成。但十四顆球似乎變成我的瓶頸。高爾夫球也碰上類似的低潮，桿數又回到九十出頭。儘管我持續調整打球的動作，成績就是停滯不前。

幸好湯姆醫生與我合作的這本書，找到了出版社願意出版，讓我倆的士氣為之一振。我也決定要更認真測試自己正在書寫的罰球技巧。

我加入羅斯莫爾體育俱樂部，一週練投兩次，一次罰一百球，每次都記下自己的投籃成績。我發現了一件令自己訝異的事情：雖然我知道罰球所需的技巧，並且在書頁上用文字忠實呈現正確的罰球程序，卻仍無法把這些步驟融合成一套可靠的慣例，用在自己身上。我最大的問題在於對距離的掌控。

湯姆醫生親自出馬，前來球場為我處理疑難雜症。他發現，我的手臂正要將球投出之際，我的膝蓋已呈現完全打直的狀態——換句話說，我的雙腿沒有為投籃貢獻任何力量。所以我開始調整，專注於感受雙腿的出力，熟悉了之後，我的手臂只需要決定球的方向，籃球便開始以美妙的弧度找到籃框。

我的另外一個問題比較不易察覺，但一旦處理好，進步幅度更為驚人。我運球三次之後把球舉到準備出手的位置，此時我抬頭看籃板，可是我盯著目標的時間太長了，而所謂的「太長」，只不過是多了半秒鐘，但這代表我在進行「有意識的思考」，亦即，我在刻意「瞄準」。

為了解決這個致命的遲疑，最佳辦法就是把本書當中提到的投籃罰球七步驟融合起來，成為一個連續的動作，或說是一個不間斷的過程。換而言之，本來的我到了彎曲膝蓋的時候，心裡才認為「要開始罰球了喔」。採用湯姆醫生的法子之後我了解，只要我踏上罰球線運球的那一刻開始，罰球就已經展開了。只要理解這一點，我才終於明白他為何會說「罰球的時候就像進入自我催眠的狀態」。

當我們把球舉到準備出手的位置時，會面臨強大的「遲疑」誘惑。球員都希望自己把球投進，可是，多餘且刻意的努力，反而抵消了那七個步驟構成的「連續動作」原先會帶來的益處。籃框最準確的景象，會出現在「抬頭用眼睛看著籃板最初的那一刻」。若在這個瞬間，我們已經就定位準備好出手，身體的本能會把正確的距離與方位告訴我們，讓我們把球順利送進籃框。

上述的膝蓋問題與遲疑問題都經過調整以後，湯姆醫生站在一旁，看我連續投進二十四球，超越先前最佳個人紀錄達十球之多！接著，我繞著球場跑步直到身體快累垮了，然後走上罰球線，又連進兩球。整個過程我又重複了一次，跑到另一頭的罰球線，再度連進五球。我感覺自己突破了一道壁壘。

不久之後，我的個人最多連續罰進球數攀升到四十八球。

我為了撰寫本書而訪問籃球教練的時候發現，許多教練都不約而同把罰球比喻為高爾夫球，尤其是推桿。既然這是大家一致的見解，因此後來我在高爾夫球場上的進步，若說是歸功於罰球線上的進步，應該也是說得過去吧。

連續罰進二十四球之後不久，有天我在打高爾夫的時候突然領悟：高爾夫球表現不佳的主要原因並不是擊球動作不良，而是記憶力不好！我忘了一件事：障礙不僅存在於外在的現實世界，也存在人的心裡。我對自己的期待很低——這就帶來很爛的成果。有了這個頓悟之後，我告訴自己，注意當下，一球一球打就好，果然打出八十四桿的佳績。隔週，我打出八十桿。最讓我興奮的是，我不認為這是偶然。每一次擊球，我都使用同樣的慣例，控制我的心思，並且運用湯姆醫生教我的聚焦與專注原則。

本書呈現的資訊與想法，你可以自由運用。安柏利醫生與我誠摯希望你能全心接納書中的七個步驟，並用這些步驟一天練投一百顆罰球。我們也希望，聚焦與專注讓你學到的東西，不只改善你的罰球與整體的籃球實力，也能幫助你達成人生中真心想要成就的事物。

菲利浦・李德 Philip Reed

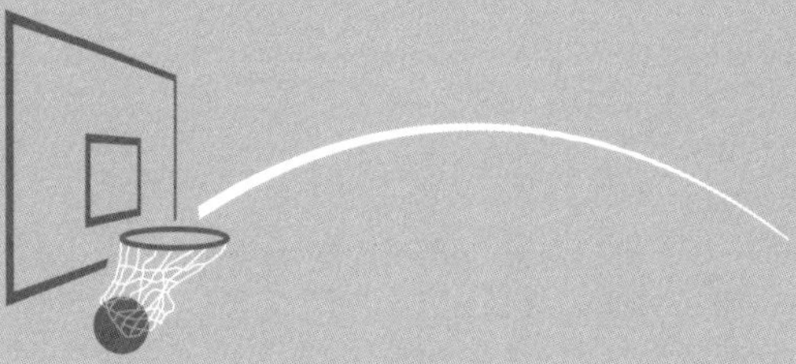

第一章

罰球是一份禮物

要在職業層級打球，必須直搗黃龍。
強行切入禁區的同時，
一定會被犯規。被犯規，就要把球罰進。

——一位大學球員，加州長灘

你接到快攻長傳，立刻向前飛奔，眼睛看著目標，往籃框衝去。只要這次上籃進球，球隊就能拿下勝利。

然後，事情發生了。

你的出手被暴力攔下，對方犯規。你被送上罰球線，比賽時間沒剩幾秒，球隊落後一分。

兩罰中一，追平。兩罰都進，贏球。

你踏上罰球線，還在不斷喘氣，疲累不堪，心裡仍然對剛才對手的犯規感到憤怒。隊友盯著你，祈禱你把球罰進。敵隊正在嘲弄你。

打鐵吧，魯蛇。麵包球。手軟！手軟！手軟！

裁判把球交到你手上。籃架後方的觀眾已經瘋狂。

勝利與落敗之間，只隔著兩顆罰球的距離。

你平常練習的時候罰進上百萬顆。看似簡單。把球投出，然後看著球破網而入。可是在這個現場，籃框看來遠在幾公里之外，籃框的圓周竟然是不可思議的小，比小酒杯還小。你快要喘不過氣了。整個球場吵雜的噪音不可思議。

你運球，讓球在掌中旋轉，抬頭看籃框，然後——

等一下！暫停！我們不該用一個負面的場景開始。這種事情你早已見過太多次。或者，更糟的是，早已親身經歷。

先別管這些。接下來我要描述的是，等到你讀完這本書，並且好好運用、善加練習我的罰球必進七步驟之後，會發生的狀況。

你的未來

被犯規之後，你的第一個念頭應該是：**太好了，感謝你們送我兩分。**

走上罰球線的途中，你已經把憤怒的情緒甩開，然後開始你的罰球慣例——將會在這本書裡學到的慣例。七步驟已經在你腦海裡根深蒂固，幾乎自動執行。雙腳平行站定，運球三次，感覺自己的專注力變得銳利。群眾的噪音漸漸從耳裡淡出之後消散。肌肉記憶接管局面。腦袋很清楚。信心很充足。你把球投出，球還在半空中的時候，你就知道必進無疑。

第一球進了。追平比數。

現在，你的信心高漲。再一次從裁判手中把球接過，執行同樣的慣例。出手，球進。你為自己與球隊拿下比賽的勝利。

你也許會說，別做白日夢了，現實是不一樣的。罰球在練習時很簡單，在比賽的壓力之下就變超級艱難無比。這就是罰球這頭野獸的天性，我們無計可施。

錯了。罰球是可以學習的。正確的投籃動作，搭配聚焦與專注，可能的成就會讓你大吃一驚。我保證，你的進步將會遠遠超過預期。進步幅度會有多少呢？如果你能運用我所教的，並且每天練習罰球一百次，就能達到百分之九十的罰球命中率。

你可能會說：百分之九十的命中率？怎麼可能？這已經超過大多數的職業球員了。近幾年來，全美大學一級男子籃球（NCAA）選手的平均罰球命中率只有百分之六十六——而且一季不如一季。這本書好大的膽子，怎麼敢畫出這樣的大餅？

原因是，我看待罰球的觀點，跟所有人都不一樣。我相信NBA與NCAA球員的罰球命中率低落，主因有二：不良的出手動作，以及失敗的心理控制。

容我進一步解釋。我堅信，只有你自己能夠限制你。就是這樣沒錯。我今年已經七十三歲了，回顧我在高中與大學籃球隊，以及行醫生涯的這一輩子，我得出這樣的結論：在我們所做的所有事情之中，無論是體育、生意或人生目標的追尋，**限制我們的並非自身的能力，而是自己的信念。**與其說成功的障礙存在現實世界，不如說它存在我們的內心。最能體現這份道理的地方，就是罰球線上。

罰球幾乎是一種比喻，它代表了人生中那些「外表看似艱難，實際去做之後發現並非如此」的事情。有時候我們愈是努力嘗試，成功距離我們愈遠。有些人因此就放棄了，或者逃避了。有些人咬牙苦撐，終於成功。而他們的成功，比他們的掙扎偉大。

成為一個球技全面的選手

其它運動也有類似籃球場上的罰球情境。美式足球有能夠贏得比賽的三分射門。高爾夫球有第十八洞果嶺上的四呎推桿。在足球場上，則是十二碼球。練習的時候，這些攸關勝敗的進球似乎簡單，但在比賽的壓力之下卻又變得困難了。

然而，從某個角度來看，籃球的罰球非常獨特：籃框的高度永遠是十呎，跟你的距離永遠是十五呎。你跟籃框之間，沒有任何實體障礙阻擋。沒有朝你衝來的對手，沒有破風而至的曲球，沒有釘鞋踏出的洞讓你的推桿偏移，沒有守門員做出神奇撲救擋下你的射門。

罰球的時候，擋在你與分數之間的，只有你自己。你只帶著肌肉、心跳，與信念，獨自站在罰球線上。失手，所有的罪責都在你。進球，所有的榮耀都歸你。

把球罰進，就能讓自己、隊友，以及敵隊知道，你的心理素質強健。你頂得住壓力。沒錯，你能運球、傳球，甚至灌籃。但跟近來許多球員不同的是，你也能穩穩把球罰進。這讓每個人明白，你的球技是全面的。

好，現在你被我說服了。但是到底要怎麼做呢？罰球是磨練出來的。練出來了，就永遠都是你的。練習三分球、跳投或是灌籃，感覺起來比較爽。這也許是真的，但請記得，**冠軍就是能在別人覺得無聊且一成不變的事物中追求卓越的人。**

此外，若你想要提高個人平均得分，罰球線就是額外進帳的最佳地點。而且，接下來我會告訴你，改善罰球也會同時增進你的三分球準度，幫助你培養投籃的「手感」，並且提振你在球場上的自信。

從今天開始，改變你對罰球的態度。你可以這樣思考：罰球是一份禮物。你持球往籃框前進，眼看即將就要進球或是傳出助攻，對手卻以犯規的方式奪走你的得分機會。報復的時候到了。把握機會，徹底掌控局面——罰球線上無人防守，你有絕對的空檔。快出手拿下本來就屬於你的禮物吧。

罰球贏得比賽

隨便問一位教練罰球有多重要，獲得的答案很可能是：「把球罰進的人，就是比賽的勝者。」

加州大學洛杉磯分校教練吉姆・哈里克（Jim Harrick）曾說，依照他的估計，在常規賽中，有百分之二十三的賽事是由罰球決定勝負的，而在冠軍賽中，罰球的決定性提升到百分之三十三。他又補充道：「罰球不準，你就是球隊的包袱。」

整場比賽中，罰球不斷貢獻得分。而隨著比賽時間接近終點，這些分數愈顯珍貴。球賽到了倒數階段，經常會看見場上的球員開始不擇手段。防守者想盡辦法不要讓頂尖射手投籃，不惜訴諸犯規手段，逼迫頂尖射手站上罰球線。如果罰球的技巧完美，就可以透過罰球開啟連續得分，改變形勢，建立信心。

有些偉大球員的罰球是出了名的爛。一九九五年一場季後賽中，聯盟最高薪的俠客・歐尼爾（Shaquille O'Neal）八罰零中。同一個系列賽裡，尼克・安德森（Nick Anderson）在倒數幾秒內連續四罰不中。這種情況讓《運動畫刊》（*Sports Illustarted*）寫道：「媽媽說人生有兩大必要：吃得健康，還有把球罰進。如這次季後賽所示，做不到後者，通常得吞敗仗。」

要是敵隊知道你罰球不準，你就會整晚不斷被犯規，被送上罰球線。他們不可能給你機會進攻投射。然而，要是你能證明自己的罰球水準，他們就只好放你投射。理解這個道理之後，你在罰球時的出手與手腕的隨球動作也會變得更為流暢，而且你知道罰球出手之際，不會有某個壯碩的控球後衛朝你的手用力劈下，也知道在禁區跳投時不會有人往你的身體招呼。

我指導的一些大學球員曾說，比賽的初期他們會故意製造對方犯規，若能讓自己接連罰進幾球，就能建立自信，並且幫助自己找到手感與節奏。罰球結束後，他們把這份自信帶回場上，在進攻中取得更多分數。

如果要有數據你才願意相信，不妨想想：NCAA的全美平均罰球命中率只有約莫百分之六十六。在三十二場球賽的賽季之中，一支隊伍大概會得到七百次罰球機會。以平均罰球命中率計算，總共會拿下四百六十二分。倘若他們可以進步到我推崇的百分之九十命中率，就能多拿一百六十八分。分散到整季，等於一場比賽多得五分。

現在，再回頭想想，一年之中有多少比賽的勝負分差在五分以內？罰進更多球，就可以把敗仗變成勝場。原先可能是敗多勝少的賽季，靠著罰球就會變成勝多敗少的賽季。只是每天多練些罰球而已！這樣的回報十分豐厚。

失傳的技藝

倘若真如哈里克教練所言，罰球決定了常規球季百分之二十三的勝敗，那麼把百分之二十三的練球時間拿來練罰球，應該是很合理的分配吧。顯然，實際的狀況並非如此。打開電視隨便挑一場球賽收看，罰球就是慘不忍睹。已經爛到讓球評——甚至觀眾——忍不住抱怨這些送上門的分數為何要白白浪費掉。

到底怎麼了？

去年夏天，我請教了著名的大學籃球教練傑瑞．塔爾卡尼楊（Jerry Tarkanian），ＮＣＡＡ球員的平均罰球命中率怎麼會這麼低。他的答案簡單直接：「我想，沒幾個教練知道要怎麼教罰球。」

我就是要來改變這個狀況。我相信人人都能學會正確的罰球動作。然後搭配著在壓力之下聚焦與專注的能力，你就會成為罰球線上的英雄。

我怎麼知道？我有什麼資格說這些？

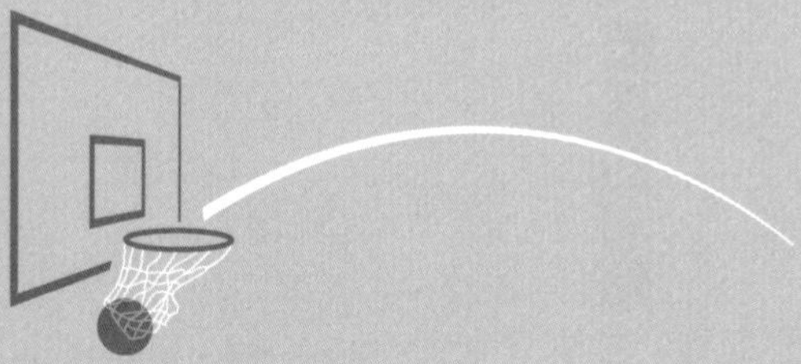

第二章

史上罰球最準的男人

他以七十一歲的驚人年齡，
創下連續罰球進球的金氏世界紀錄：
兩千七百五十球。數字沒說錯。

——克里斯・貝拉德（Chris Ballard）

有一年在西雅圖的NCAA最終四強戰，我跟知名的職業籃球教練、運動節目主持人迪克．維塔勒（Dick Vitale）一起表演比賽罰球。主持人這樣介紹我出場：「籃球史上罰球最準的男人」。這樣的說法讓我有些吃驚。然而，我站在場上，數千名球迷為我歡呼喝采，我當下唯一的念頭是：「我究竟是怎麼走到這裡的？」

籃球的起點

思緒跳回一九三九年的感恩節，地點是北達科他州的大福克斯市（Grand Forks）。十一月的時候戶外已經是暴風雪肆虐，但十五歲的我在溫暖的室內球場，為當時世界上罰球最準的男人哈洛．李維特（Harold Levitt）撿籃板球。他握有不可思議的罰球紀錄——連進四百九十九顆！

採取低手罰球的哈洛．李維特是哈林籃球隊（Harlem Globetrotters）的原始成員之一。對長大想要成為傑出籃球員的我來說，他是天神一般的存在。

我一直都是優秀的射手，因為我經常練投。我把所有閒暇時間都拿來對著釘在穀倉牆上的籃框練習投籃，無論晴雨冰雪。若天氣真的爛到無法離開家門，我就對著畫在廚房牆上的記號練習投球。

我對運動的愛好可能遺傳自父親。他是出生在卡地夫的威爾斯人，後來搬到大福克斯結婚生子。他喜歡棒球與拳擊。在我出生之前，他曾是職業拳擊手。但他對籃球沒有太多好感，他覺得短褲跟球衣讓我們看起來像一群娘們。我有時會想，父親對今天的ＮＢＡ球員會有什麼看法？

父親以前都說自己是鐵路上的「物流專員」，其實他的工作就是為篷車卸貨。但在大蕭條期間，他跟附近許多人一樣都失業了。後來他終於找到一份工作，擔任公家機關在新建道路工程時的保鑣。該計畫的工頭是個日裔人士，在二戰的氛圍下他的人身安全堪虞，而且在地的德、俄裔移民認為這個日裔工頭（其實他擁有東岸常春藤名校學位）是個「老外」，搶走了他們的工作。

我的父親矮壯，胸部寬闊，我比他高了足足三十公分，但我瘦到慘不忍睹。我在高中時期身高就超過兩百公分，但體重只有六十九公斤。雖然我有打棒球跟籃球，但這麼瘦的體型使我無緣加入美式足球這項運動。高中籃球為我贏得康考迪亞大學的獎學金。該校位在明尼蘇達的穆爾黑德，距離我家一百六十公里。

倘若留在大學打籃球，我的人生或許會有所不同。但日軍偷襲珍珠港之後，我進入美軍效力（更早的時候我就想當兵，但身高太高而被拒絕），體檢的時候徵兵人員叫我「稍微駝背一點」，然後我就順利過關入伍服役。往後三年半，也就是一個運動員的精華歲月，我都待在一艘航行於大西洋與太平洋的驅逐艦上。

戰後，一九四五到一九四六年間，我在北達科他大學打籃球。隔年球季，我轉學到長灘城市學院。單場平均得十九點七分的我，在那一年入選全美明星隊，接連兩年我都是全國得分最高的大學球員。對於我當時的罰球水準，我沒有太多記憶。但我最近查看大學時期的紀錄，發現我的罰球命中率有百分之八十。

後來我分別效力於美國籃球聯盟（Aemerican Basket League）的聖地牙哥Tecate Dons隊以及奧克蘭Bittners隊。這本該是業餘聯盟，但球隊老闆會為我們安排工作，薪水豐厚。事實上，當時球員間流傳的笑話是，我們很想要加入新興的ＮＢＡ，可惜ＮＢＡ的薪資太差。

長灘城市學院之後，明尼阿波里斯湖人隊（Minneapolis Lakers）給我一紙兩年合約，年薪一萬美元，並且保證我會在出賽陣容之中。這在當時是一筆巨款，成為知名職業球員的機會也很讓我心動。那是一個艱難的選擇，因為我實在熱愛籃球。但那時已經二十好幾的我，覺得打籃球的黃金時段已經過去。

我決定進入舊金山的足科醫療學院就讀，成了足科醫生，我本來還以為這份職業可以讓我重新與體育接軌。然而這種事情並沒有發生，縱使我治療過包括張伯倫（Wilt Chamberlain）在內的許多運動員。行醫這條路，我並不後悔，甚至可以說我很喜歡這份工作，我結了婚，把四個孩子養大，在我現在仍居住的加州長灘享有成功的職涯。

不管幾歲，都可以練習罰球

執業四十年之後我退休了，然後突然發現：我竟然沒有任何嗜好。我太熱愛行醫工作，某種程度上已經成了我的嗜好。我很快發現，我的空閒時間太多，能做的事卻太少。你想想，能夠一直靠幫地毯吸塵來取得滿足感嗎？

某天，有個也有打過大學籃球的朋友約我去投投籃。我同意了。於是，七十歲的我在相隔四十年後首次拿起籃球。我很快就加入一個健身俱樂部，決定要靠投籃來鍛鍊身體。

羅斯莫爾體育俱樂部位在加州海豹灘，要到達會場，必須先爬一段長長的樓梯。第一天去練投的時候，等我終於爬完樓梯抵達球場，連氣都喘不過來了，那天的我幾乎無法投完五十顆罰球。

我另外一個朋友那天剛好也在球場投籃，他後來告訴我：「看到你走進來，我心想『天啊這人喘成這樣，他等下就會昏倒，然後死在現場』。我想說的是，你的體能狀態真的很糟。後來你投完球離開，我確定那會是我最後一次在球場看到你。但我錯了，你隔天又出現了。之後也持續現身。」

我的耐力緩慢進步，能力也是。向來喜歡競爭的我很想跟其他籃球員較量，可是我顯然不可能奔馳全場，跟二、三十歲的年輕人比賽。但我可以站在罰球線，以公平的條件跟比我年輕許多的人一較高下——「罰球」這件事情，沒有年齡的歧視，不需考量誰的速度快，誰的力量大，重點是學會在壓力之下控制自己的心理與肌肉。

事實上，我很快就理解到，只要熟練了基本的投籃動作，罰球這件事基本上百分之百是心理層面的東西。或許正因如此，職業選手的罰球表現才會這麼差。一個球員也許能理解「罰球與心理是相關的」這個道理，但對於如何讓自己的罰球進步卻一無所知。

雖然近來關於運動的心理層面知識已經有些進展，對於運動員來說，心理因素之於運動，還是像巫毒——是一個很少人想要踏足的神祕、暗黑領域。但若想攀上顛峰，你就必須精通心理層面，就像精通肉體技術一樣。

我練習了幾個月的罰球之後，開始參加全國各地的罰球競賽。透過純粹的意志力、天生的能力以及持續的練習，我的成績還算不錯。但每一次失手都令我感到困擾。如果我可以連進二十四球，為什麼不能連進二十五球？我開始思索，世上是否存在一個可以保證每球都罰進的方法。

我的第一個解決之道就是練習。但我過度練習，導致慣用的左臂不堪負荷，幾乎無法抬高到肩膀的位置。幸好我的右手投籃也算不錯，於是改用右手出手，繼續練習。

參加比賽的過程中，我常有機會跟其他射手與教授交流，討論他們運用的技巧。曾效力於壬色列縣的聖若瑟書院球隊，現在擔任罰球教學的麥克．史高德（Mike Scudder）教我兩腳平行站在罰球線，然後運球三次以幫助手掌與手臂的血液流動。製作籃球教學影片的約翰．史考特（John Scott）教我把手肘收緊。俠客歐尼爾的前任投籃教練巴斯．布拉曼（Buzz Braman）教我在出手後將眼光固定在籃框上方。

我開始將上述這些元素拿來做更進一步的實驗，用不同方法組合。最後，我又添加了一些我自己開發出來的東西。

不久之後我就感覺到自己可能找到了正確的投籃動作，我的命中率穩定提升。然而，還是三不五時會失手。每一次不進，我都深感困擾。後來我又進一步體會到，自己雖然已經鍛鍊了身體，卻還沒鍛鍊心理。

精進之道

當你到達職業運動的頂峰之後會發現，進步好像變得很緩慢，而且進步的難度也愈來愈高。罰球尤其如此。很多球員可以在練習時罰進，賽場上的罰球表現卻慘不忍睹。顯然問題不在身體的技術層面——練習時不斷罰進便可證明這點。問題出在心理。

於是，我對完美罰球之道的追尋，從此進入了一個嶄新的方向——往心裡去。我開始跟運動心理學家與心理治療師談話。有些運動心理學家想法太誇張了，例如有人叫我想像：籃框後方停著一隻小蟲，我必須用籃球把牠砸死。不過我也不想輕易否定這些人。我總覺得，只要打開耳朵與心胸，幾乎可以從每個人身上學到東西。

在西北大學參加長青組賽事時，我遇見來自愛德荷州佩埃特的運動心理學家佛洛伊德·史川（Floyd Strain）。曾訓練過多名奧運奪牌選手的他，帶給了我很大的啟發，他讓我相信自己的能力是沒有極限的。這就是一位教練能給選手的最好建議了。

史川教練也給了我一個畫面，讓我在每次罰球都可以運用，後來這個畫面也變成了我罰球慣例的一部分，下一章節還會有更完整的解釋。在此先簡單說：我會想像自己站在罰球線上，我的手臂長度突然變成四公尺半（罰球線到籃框的距離），然後看著自己的手，把球直接放進網中。這是我在出手之前做的最後一件事，因為這個畫面能為我除去心中一切的焦慮。想想看，如果你的手臂有四公尺半這麼長，應該不用擔心罰球失手，對吧？

找到了罰球的秘訣

讀到這裡，你可能會覺得我的罰球之道只是把我從其他球員與教練那裡學到的東西拼湊起來。這種說法或許是對的，正因如此，我想把功勞歸給那些曾經幫助過我的人。

不過，在我的罰球慣例裡面，確實有一個元素是由我個人所獨見創獲的。有一天，我正在思考著「重複」這個元素對罰球的重要性：一個球員必須每一次都用完全一模一樣的方法罰球，精準如機器。我開始思索，如何確保自己每一次都用相同的方式來執球（亦即一顆球上面有哪個地方是參考點，可以確保自己每一次都用相同的方式拿球）。不能用籃球上的商標，因為每次參加比賽的時候，主辦單位使用的籃球可能是不同的廠牌。

我突然想到：不管哪個廠牌的籃球上面，一定會有相同的東西——就是那個小小的塑膠充氣孔。我決定把大拇指放在球上的溝槽上，這樣一來，我的中指就自然會指向充氣孔。當我把手掌擺在這個位置上的時候，我就知道自己的手掌正好是放在正確的位置上。

於是我開始練習這個新招。運球的時候，我的眼睛向下盯著充氣孔。然後，運完最後一次球，把球接住的同時，我會把手掌放到正確的位置，目光持續放在充氣孔上。

很快地，我了解自己發現的不只是正確的持球方式，而是一個更為重要的東西。我發現，在準備罰球的那段短時間裡，「盯著充氣孔」這個小動作能讓我把注意力放在同一個地方。我把這種心理狀態稱為「聚焦與專注」。

從此之後，籃球上的那顆充氣孔就成了「聚焦與專注」的象徵。中國哲學有陰陽符號。Nike有簡潔優雅的商標。而我，有充氣孔。

罰球命中率高速攀升

有了正確的投籃動作，加上我的聚焦與專注技巧，還是需要將這些融合成為一套可以反覆執行的過程。我開始以二十五球為一組，每天罰五百球——至今這仍是我每天早晨的例行公事。

我不斷進步，接著又不斷持續設定新的目標。某天我聽到廣播說，根據人口普查，我這個年紀的人，全美國有九百萬。我記得當時心想：「我想要成為這九百萬個七十歲老人之中的罰球前十強。」我覺得這個目標可以給我帶來挑戰，且不至於遙不可及。

我的罰球命中率爬升到百分之九十，然後繼續成長。我常常連續罰進二十五球。然後是連進五十球。我不斷告訴自己，如果可以連進五十球，為何不能一百球？如果能夠連進一百球，為何不能五百球？終於，有一天，我連續五百球沒有失手。走出球場的我，感覺像是發現了宇宙的奧秘。

我知道自己需要新的目標。所以我跑到圖書館查詢《金氏世界紀錄》的罰球紀錄。結果令我大吃一驚：泰德・聖馬丁（Ted St. Martin）曾在一九七七年連續罰進兩千零三十六球，創下世界紀錄。起初，這數字令我心生膽怯，但後來我心想：「要是他能做到，我為什麼不能？」

如果練投時出現了五百球全進，我就會繼續投籃，看我能夠將百分之百的命中率延續多遠。分別有兩次，我連續投進兩千五百球。這兩次我都不是因為失手而停止，而是有其它事情要處理，所以才離開球場。我知道自己已經破了世界紀錄——在沒有官方認證的情況下。這給了我追求下一個目標所需的信心。

追求世界紀錄

一九九三年十一月十五日，我滿七十一歲之後幾天，也是我為了罰球的歷史紀錄以及《金氏世界紀錄》裡的一席之地而投籃的那一天。我僱了十個人，他們必須一整天待在體育館裡見證我罰進的每一顆球。等到活動結束之後，我會要求這些人簽署一張宣誓書，證明他們確實看著每一顆球破網而入。

開始之後，我很快進入練習時熟悉的節奏。**運球。運球。運球……破網。運球。運球。運球……破網。運球。運球。運球……破網。**

負責計算的人在每一次進球之後會喊出球數：「兩百五十六……兩百五十七……兩百五十八……」然後，突然間，我記得聽到他說：「五百三十三……五百三十四……五百三十五……」我心想：「我的天啊！中間那些球呢？」我根本不記得投進那些球。專注之深讓我進入了一種迷幻狀態。

當然，我也需要短暫休息，吃點東西，上個廁所。但除了這些時間之外，我在逼近兩千零三十六球的前世界紀錄之時，已經投了超過十個小時。接近紀錄並沒有讓我變得緊張，反之，成功的決心愈加堅定。然後，當我終於聽見計算的人喊出「兩千零三十七……」一件神奇的事情發生了：眼前的籃框尺寸變成原本的兩倍！看起來超巨大！

我覺得根本不可能投失。我就是一直把球丟出去，然後看著球進。

投了十二小時，連續罰進兩千七百五十球之後，我終於必須停手。不是因為有球沒投進，而是因為時間已經太晚，體育館要關門，管理員叫我們離開。但我的紀錄已經獲得官方認證。你可以在一九九六年的《金氏世界紀錄》找到我的名字。

在鏡頭前罰球

打破紀錄之後又過了六個月，似乎沒有人注意到我創下了新的世界紀錄。我繼續每天投五百球，前往各地參加罰球比賽。後來有一天，《長灘新聞電報》（*Long Beach Press-Telegram*）的記者黛比·艾靈頓（Debbie Arrington）寫了一篇關於我打破罰球紀錄的文章。刊出來之後，我的電話就響個沒完。一位《運動畫刊》的記者來訪問我，還有一位攝影師花了六小時，只為了拍一張我的照片以供刊登文章使用。

每當有新文章刊出，我的電話就開始響。我本來以為我獲得《運動畫刊》的報導，已經是曝光的終極高度，沒想到我錯了。

一九九四年夏天，知名的談話性節目主持人大衛·萊特曼（David Letterman）要給我一個挑戰：在一小時的夜間節目裡罰進兩百顆球。那對我的專注力來說真是一大試煉。我已經習慣在室內球場投籃。在這樣的環境裡，籃球不會沾上砂礫，沒有刺眼的陽光，也不會有風把投出去的球吹偏。我跟萊特曼的製作人說，我是一個室內射手。但是，等我抵達紐約才被告知，他們把繁華的五十三街封起來，架設了一個籃框，叫我在那裡投籃。我猜想萊特曼希望把我的出場變成一種街頭奇景。萊特曼在節目中開玩笑說，他很喜歡把市中心的交通動線堵起來。

節目製作單位替我預定了一間豪華旅館裡的頭等套房，內有完整的房內酒吧，以及其他各種豪華設備。《運動畫刊》的撰稿者打電話來跟我說，刊有我的文章的那一期雜誌出版了。我當然想要馬上看到，於是決定散步去街角買一本。我打開房門，發現外面站著一個男人，他一路跟著我走到書報攤，站在一旁看著我買雜誌，又跟著我到房門口。

顯然，製作人不想冒著讓我亂跑走丟的風險，安排了人員監視我直到節目開始。

萊特曼介紹我出場之後，我走過一條長長的廊道，踏上五十三街。約有三百人聚集在現場觀看。我要面對每小時三十五英里的風速、閃爍的警車燈，還有尖叫的觀眾。我戴著兩支耳機進行罰球——

左耳是直播節目的內容，右耳是製作人下達的指示。

製作人想要在進廣告之前與之後都剛好拍到籃球破網而入的畫面。在毫無預警的狀況下，製作人突然大吼：「投！投！」我連自己習慣的六秒投球慣例都還沒熱身完畢，就得投球。但一小時的節目結束之後，我投進兩百三十八顆球。

萊特曼的節目讓我登上包括《NBA Inside Stuff》在內的各大電視節目。現在，每當我走進餐廳，常會有人跑來問我：「你就是在電視上投籃那個人，我有看到。進了幾球啊？」

生命很妙。一九九二年開始練習罰球時，我只是想找件事情排遣時間，做夢都沒想過後來會有這般光景。原本計畫要過著平靜的退休生活，含飴弄孫。結果，我卻過了充滿趣味與榮耀的兩年，累計的旅行距離超過四十萬英里，同時贏了兩百二十八面獎牌。

更重要的是，我得到機會去指導高中與大學的男女球員。我從一位足科醫生變成一位「投籃醫生」。（雖然我不會這樣自稱，因為體壇已經充斥太多所謂的投籃醫生）。有個媒體播報員幫我取了一個比較貼切的外號：「罰球醫師」。

罰球診療課程

進行罰球診療課程時，我會先對全隊講話，解釋一下動作，然後自己罰二十五球，全數投進。這樣能馬上吸引到球員的注意力。剛開始聽我講話的時候，他們心裡很可能在想：「這老頭子懂什麼？」等我連進二十五顆罰球，就換他們啞口無言。多數球員沒有親眼見過有人做到這種事情。

我連續罰進二十五球，不是為了炫技，而是為了讓球員相信我說的話。**唯有相信自己可以進步，而且深信不疑，運動員才有可能進步。**這代表他們的心靈必須在意識的每一個層面都接納這個信念。只有到了這個時候，他們才能將自身能力發揮到最高水平。

就算對於我這個長年習慣正面思考的人來說，在高中與大學球員身上見證的成果也一樣令人感到神奇。教練總是會把問題球員送來給我處理，他們通常是罰球不準的優秀球員。光是接受我十五分鐘的指導，他們就能連續罰進數球，讓球場裡的每個人都睜大眼睛。而且這還是在還沒進行任何刻意練習的情況下。

有一個來自長灘州立大學四九人隊的球員，在一個球季之內，罰球命中率從百分之四十提升到百分之八十五。約翰・威爾區（John Welch）現在在加州州立大學弗雷斯諾分校擔任傑瑞・塔爾卡尼楊的助理教練。當初他學習我的技巧，短短一段時間之後就能連續罰進六十八球。接著，他在一百次罰球中投進九十九球。隔天，在一場聯盟比賽中，他連續飆進三記三分彈——他將這番表現歸功於罰球線上的成功。

這些球員為什麼能夠立即展現進步？原因有兩個。首先，球員已經聽說過我就是世界上最厲害的罰球高手，即將一對一指導他們。光是這樣就能為他們提振信心。進步的第二個來源是改正錯誤的姿勢。舉例來說，如果球員罰球時的手肘太過於向外突出，我就會要求他們保持手肘貼近身體。有時候我會告訴他們：「用投籃那隻手的手肘，摩擦你身體外側。」這樣能馬上就可以帶來五成的進步，因為只要保持手肘貼近身體，就可以修正投籃偏左或偏右的問題。最後，我會強調聚焦與專注的需要。這是整合七步驟的黏著劑。

有一天我在加州州立大學貝克斯菲爾德分校指導跑路者隊

（Roadrunners），見證到一次非常神奇的進步。教練叫來一個瘦高的孩子，他的罰球命中率只有三成。那天的課程其實有點壓力，必須要現場看見進步才行，因為哥倫比亞廣播公司（CBS）、國家廣播公司（NBC）以及美國廣播公司（ABC）都為了晚間新聞前來拍攝那場訓練過程。在媒體環伺的情況下，我向那孩子示範我的罰球方法，對他的動作略作調整，再提振一下他的自信，他便開始以你絕對不會相信的準度投籃——連續投進三十四球才失手。

跑路者隊全體隊員的進步也一樣令人驚奇。四天之後的下一場比賽，全隊罰三十六球命中三十球。以前他們全隊的平均罰球命中率是百分之六十二，但在那場比賽中卻提升到百分之八十三。賽後，加州州立大學貝克斯菲爾德分校的總教練派特·道格拉斯（Pat Douglass）這樣告訴《貝克斯菲爾德加州人日報》：「我想，我們施打了一個很有效的疫苗（亦即我給他們上的罰球診療課程）。」跑路者隊接著又連勝兩場，兩場都以極少的分差贏球，全隊的罰球命中率保持在八成以上。

進行罰球診療課程的一大樂趣，就是獲悉球員們得到了驚人的大幅度進步。高中球員常在幾個月之後寫信給我，驕傲地分享他們現在的罰球命中率，還有在比賽中罰進多少球。他們總會承諾繼續練習，追求進步。這些信件不只給我滿足感，也證明了我的方法是容易學會，而且能被快速運用的。

九成的球都投進

罰球是教得來也學得來的，我本人就是活生生的鐵證。現年七十三歲的我能在罰球線上擊敗任何NBA球星。我曾接受許多強者挑戰，而我總是能贏。那是因為我不只學會正確的投籃動作，也學會在一段特定的時間裡達到完全的聚焦與專注——這段時間內的專注與聚焦，可以讓球破網而入，每一顆罰球都進球，沒有例外。

我在罰球診療課程上跟球員們說的第一句話就是：罰球是一份禮物。罰球帶給我許多禮物，還讓我享受諸多樂趣。最大的禮物就是讓我翻開人生的新篇章。我最近遇到一個朋友，我開始練習投籃的第一天他也在同一個場館，他就是覺得我快死了的那個人。他對我說：「老兄，你的進步真不得了。手臂跟腿的肌肉線條都出來了，膚色也很棒。有什麼秘訣嗎？」秘訣就是，當你找到自己愛做的事，年紀這個因素就不重要了。而當我分享對籃球的愛，就能克服任何年紀和文化的差異。對我來說，籃球是一種世界共通的語言。

現在，我有份禮物要給你。接下來我要告訴你關於罰球我所學會的一切，還有在這段漫長且令人滿足的人生之中我所體悟的一些道理。如果你能練習、運用我教給你的東西，每次走向罰球線，都能為你——以及你的球隊——帶來值得擁有的成功。

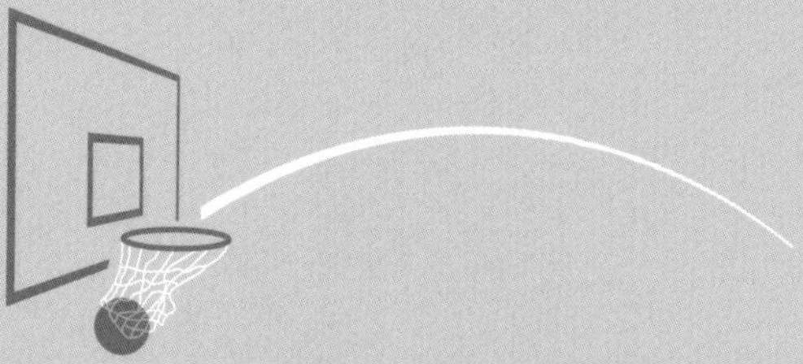

第三章

罰球的動作機制

沙文主義的美國佬曾經嘲笑歐洲太「機械化」。
其實美國球員才應該追求機械化。
教練會把投籃的元素
統稱爲「機制」不是沒有道理的。

——《運動畫刊》

許多球員把罰球當作一般的場上出手看待。但若能將罰球視為一種帶有特定動作機制與精確心理需求的定點投籃，那麼你就能夠罰進更多球。更詳細的說，罰球跟籃球賽場上的其它面相非常不一樣，如果你可以把罰球看作「比賽中的比賽」，那就會對你帶來很大的幫助。

或許你會發現，這種說法借自高爾夫球。高爾夫球選手常把推桿稱為「比賽中的比賽」。在高球場上，好的開球能把小白球送到兩百五十碼之外，然後在同一洞，高爾夫球選手可能需要完成一次細膩的推桿，把球送進短短四呎之外的洞裡。這兩種擊球的差異非常巨大，幾乎像是毫無關聯的兩種運動。但在高球賽中要打出優秀的成績，精準的推桿不可或缺。

同樣的道理也適用於籃球。縱使罰球跟整場比賽的節奏與能量差異非常巨大，幾乎找不到相似的地方，但你還是需要把球罰進，才能贏得比賽，成為卓越的球員。

閱讀本章的時候，請始終記住「比賽中的比賽」這個概念，因為接下來我會要求你改變罰球線上的投籃方式。這些改變將為你在賽場上帶來一種全新的武器選項，一種新的投射方法，且這種方法是專為籃球場上一個特定而關鍵的面向而存在。

罰球怎麼這麼難

罰球與籃球場上其它投籃之間最大的差異，在於罰球並非即時自發的。罰球並不是運球晃過防守者，旱地拔蔥跳投出手，然後看著兩分球進。在上述的狀況之下，你靠著純粹的身體反射行動：查覺到空檔，果斷做出動作，不加思索出手。

在罰球線上，你有十秒鐘的時間可以準備出手——這十秒鐘比起正在進行中的比賽，算是天長地久。沒有人擋在你前面，而且你確實知道自己距離籃框多遠。你以為沒人擋、距離是固定的等等這些條件，會讓你的罰球變得比較容易，事實卻正好相反。若你太過於誇張地去注視某一個簡單的動作，這個動作就會變得困難無比。

舉例來說，把一條三十公分寬度的木板放置於臥室地板，然後叫你在上面行走，根本蛋糕一塊，輕而易舉。但是若把同樣寬度的木板，架在市中心兩棟四十層樓高的建築物之間，這時你就會開始提醒自己：先踏出一步，站穩了再踏出下一步……明明是你一輩子隨時都在做的簡單走路動作。

所以，提高罰球命中率的第一步，就是認清罰球的獨特性。記住，罰球是一份禮物，補償你本來可以放進的兩分。接受這個事實：罰球帶來獨特的機會，卻也伴隨特別的挑戰。

我遇過的一位教練說，他給球員的建議是：「踏上罰球線時，告訴自己『先停一下！好，準備。』」換而言之，將罰球從比賽的流動中區隔出來。獨立出一段短暫的專注時間來完成手邊的任務——也就是，為自己與球隊貢獻兩分。

不斷打鐵

大學與職業球員的罰球命中率逐年下滑。為什麼呢？如前面所述，我認為罰球應該是一種不起跳的定點投籃。這種投射方式曾在賽場上被廣泛運用，但從二十世紀末期開始，球員在比賽中不常使用這種不起跳的定點投籃了。

不起跳的定點投籃曾被視為最精準的外圍投射方式。如果球員能得到無人防守的空檔，他可以很快就定位——兩腳踩在地板上，收緊雙肘，把球放在比頭部稍低的位置——然後直直把球射進籃框。

沒有人守你，為何要跳投？多餘的動作可能會讓球偏離軌道。然而，隨著防守者愈來愈有侵略性，跳投成了主流，球員開始將兩肘向外突出，把球高舉過頭出手。不這麼做，球可能會被抄掉，或是被打火鍋。

現在，大多數的球員用類似跳投的出手方式來進行罰球。兩肘突出，兩肩不呈平行，把球高舉過頭。我的罰球之道在於，把定點投籃的方法帶回來。我認為在無人防守的情況下，這是最穩定、最精確的投籃方式。而在罰球線上，永遠無人防守。

建立一套儀式化的慣例

用一模一樣的方式進行每一次罰球，至為重要。反覆練習相同的動作，直到整個過程變成一套儀式化的慣例。

其它運動項目當中，已經成功運用了儀式化這個秘訣，尤其在球員可以自行決定何時開始動作的情境中。請看看準備發球的網球選手，他們以完全一樣的順序站好腳步，讓球彈地，旋轉球拍。高爾夫選手非常在乎所謂「擊球前的慣例」，甚至包括呼吸的方式。有些動作有實質意義，例如瞄球，但慣例的其它部分只是為了在揮桿之前增進球感與節奏。

罰球慣例之所以重要，原因很多。首先，它讓你把注意力從「壓力」之上轉移開，開始注意其他更重要的事。你不再想著計分板上的分數、還有幾次犯規才犯滿，或是比賽剩餘的時間，反之，你會把心思放在慣例的步驟上。只要正確執行每一個步驟，球會自己找到籃框。

還有，練習罰球慣例的過程中，你要隨時提醒自己，把七個步驟做好做滿。換句話說，你要引導自己完成整套儀式。這樣到了比賽現場，當你處在壓力之下，這套儀式就會引導你去做正確的事。當你的心思一片混亂，當下有一百萬個不同的思緒飛馳而過，此時儀式化的慣例會把你帶回眼前的任務，把你帶回當下——幫助你把球罰進。

慣例能在某些肌肉群上觸發反覆彩排過的動作，就像把身體喚醒。踏上罰球線，你就會自動執行練習時做了數百次的動作。你的肌肉彷彿在說：「這我記得。」然後，只要保持心思澄明，身體就會接手，做出它被訓練要做的事。

儀式化也同時消除了決策的需要。在計時器運轉中的比賽做決策是一回事，仰賴的是本能與反射。然而，在罰球線上做決策則會帶來懷疑。而所有球員都會告訴你，懷疑絕對會讓你犯錯，害你失手。當你踏上罰球線，心理的每一個層面與身體的每一條肌肉都必須預先知道怎麼做才能把球投進。你應該要在出手之前就感覺到球進。

要帥還是要進？

籃球是一個充滿風格的運動。某些動作從職業球員那裡傳承到大學和高中球場。麥可喬丹吐著舌頭跳投，要不了多久，全國各處球場上的孩子們都會群起效尤。

在罰球線上，球員也會模仿彼此的動作。出手之前，職業球員讓球在掌中旋轉，把球繞到身體後方，或是快速運球。年輕球員見狀，便仿效心目中的體壇英雄。

我想，球員做出那些動作，是為了要找回比賽的節奏。如果能在場上保持輕鬆，投籃的狀態就會較好。所以他們在罰球線上也會做出比賽中的那些動作。然而，如我先前所述，罰球是比賽中的比賽，跟比賽的其它面向很不一樣。在罰球時試圖重現比賽時的感覺，未必是一件有幫助的事。

相反地，你在罰球線上的動作應該緩慢而沉穩。正因如此，我認為那些花俏的動作對於球員的專注很不利。球員應該把焦點放在投籃的準備，進入一種特殊的心理狀態，並且把所有注意力導向眼前的目標。

每當我看到我指導的球員在罰球之前讓球在掌中旋轉，我總會問：「你是要帥還是要進？」選擇能把球投進的慣例，而不是做起來好看的動作。比賽結束之後，觀眾會記得什麼？隔天報紙的體育版會寫什麼？難道會寫「他投失關鍵罰球，但說真的，他罰球前的預備動作超帥的啦！」我不認為會有這種事。

好，你現在相信慣例的價值了。接著你想知道自己應該建立怎麼樣的慣例。嗯，算你好運，我花了整整兩年才開發出完美的罰球慣例，而我現在就要毫無保留地告訴你，到底該怎麼做才能把球投進籃框。但首先，我需要你嘗試某件乍看之下似乎不太自然的事情。

離開舒適圈

在討論罰球動作時，我可能會建議你改變原本的投籃方式。我建議的某些動作，一開始操作可能會讓你感覺不自然，因為和以前感覺不一樣，你可能會不自在——而這甚至會讓你誤以為我教你的這個技巧是錯誤的。讓我先把話講清楚：你在賽場上罰球的時候，我希望你盡可能自在。怎麼做才能自在呢？就是不斷練習正確的投籃動作，直到這些動作讓你感到自在。

在罰球這件事上，你必須相信我。等你練習過七步驟，並且融會貫通，就會在罰球線上感受到前所未有的自在——因為你知道兩分已經入袋。記得剛開始學開車的情景吧。你很緊張，一直提醒自己腳要踩哪裡，眼睛同步要看哪裡，一切駕駛的動作都需要經過大腦刻意的思考才做得出來。等到你開了六個月的車之後，你還會這樣嗎？不會。那些動作已經被分配到大腦的其它區塊，而你的心思現在只須顧著大局——將要前往的目的地。

要多久才能把我的罰球方法練到自在？看你練習多勤，投入多深。加州大學洛杉磯分校教練吉姆·哈里克（Jim Harrick）認為，要讓一個改變徹底融入球員的球技當中，需要費時二十八天。我也曾聽說，改掉一個壞習慣比養成一個好習慣困難五倍。正因如此，初學籃球時奠定良好的基本動作至為重要，不要等到年紀大了才做出修正。

現在的你很可能習慣做一些對進球無所助益的事情（所以你才會讀這本書），但那種罰球方式讓你感到「自在」。假設一下，你原先的罰球方式讓你在練習時有百分之七十的命中率，在比賽時有百分之六十的命中率。

你現在面臨的問題是：要保有錯誤的方法帶給你的自在感覺以及低落的罰球命中率，還是，你願意改用正確的方法，在短時間之內忍受不自在，而最後能夠進步？讓我這樣說好了，倘若能在練習時達到九成的罰球命中率，日後在分數咬很近的比賽中踏上罰球線，你會不會比命中率只有七成的時候感覺更自在？學會用正確的方法投籃，見證成果之後，自在指數就會大幅提升。

完美罰球七步驟

每一次罰球，我都把下列七個步驟做好做滿。這些步驟經過設計，完美協調了罰球時身體與心理的條件。我把這套慣例看作「六秒的迷幻狀態」：聚焦與專注直到把球投進，然後放鬆。

第一步・雙腳平行站穩

剛開始練習罰球時，我把硬幣貼在地板上，標示我雙腳擺放的位置。然後我站在罰球線後方，開始往前滑動雙腳，直到腳尖碰到硬幣——此時我就知道雙腳已踏在正確的位置上。不過，要在罰球線上找到雙腳的正確位置，還有一個更簡單的方法。

在球場上漆線的時候，油漆工人會在罰球線正中央釘一根釘子，再以那根釘子為圓心，將繩子繫在上面畫出罰球圈。那個釘子造成的小點被稱為「油漆工的洞」，恰恰就是罰球線的正中心。你可以利用這個小點為基準，讓自己等下出手的球，正好對著籃框的正中心。

準備罰球的時候，利用油漆工的洞來確保自己站在罰球線正中央。雙腳平行與肩同寬，橫跨那個洞，抵在罰球線上。利用油漆工的洞來確保自己每一次罰球都站在一模一樣的位置。

我看過很多球員在罰球時會把一隻腳擺得比較前面，指向籃框。這動作可能讓人感覺比較自然——事實上，某些罰球專家就是這麼推薦的。可是這樣的姿勢會帶來兩個問題。

首先，雙腳一前一後，肩膀也會跟著一前一後，可能會讓你的投籃偏左或偏右。再者，當你將一腳往後踩，離開罰球線（右撇子的話就是左腳），就無法保證每一次罰球都有一模一樣的站姿。地板上沒有線可以幫助你定位往後踩的那一隻腳。你往後踩的左腳，每次踏的地方都會稍有不同。當然你可能會說：那頂多只有幾公分的差異吧。沒錯，但難道你未曾因為投偏幾公分而失手嗎？

假如你讀到這裡還沒體悟的話，讓我用白話文告訴你：為了要達到最高的罰球命中率，你必須盡量把身體變成一具機器。我現在教你的這些技巧，會把那具機器調校到最適合以罰球取分的狀態。

我最近去看了一場大學籃球比賽，一個教練跟我說：「你有沒有注意到，有多少職業球員罰球時會雙腳平行站著嗎？」不僅如此，許多最優秀的射手甚至在跳投之前也採取雙腳平行的姿態。他們自己或許不知道，或許會否認，但若你仔細研究照片，會發現在出手的瞬間，他們的雙腳以及肩膀，與籃球飛行的彈道呈現垂直。雙腳平行讓你的身體處在最恰當的姿態，幫助投籃的手直指籃框。

另外值得一提的是，好的罰球者會將身體的重心擺在腳掌前端。身體應該以一種平衡的動態方式傾向籃框，而不是僵直立著。實際上，這樣的姿態會讓你更靠近籃框一點——這也不壞。

第二步・充氣孔朝上，運球三次

我剛開始開課傳授罰球之道的時候，有次受邀到長灘州立大學四九人隊指導球員。其中一位在罰球線上的表現相當糟糕，命中率只有可憐的四成。接受我的指導之後，有一段時間裡他的表現急遽提升，之後卻又漸漸落回原形。我有個朋友會幫我錄下指導課程的影片，他同時也為四九人隊的比賽錄影。某天，觀看這個球員的比賽影片時，他發現這個球員在罰球時大致上執行了我的七步驟，卻沒有盯著充氣孔來觸發聚焦與專注的狀態。於是提醒那位球員要注意這件事。

幾週之後，那個球員跟我朋友回報說：「你知道嗎，我開始採用盯著充氣孔那招，現在的我，每次罰球都可以電爆所有人。」之前他採用我教他的技巧，取得了不錯的成果，卻遺漏了「盯著充氣孔」這個秘訣，而這個秘訣，正好是最核心的、將所有技巧串連在一起的關鍵步驟。兩天後，我在報紙的體育版上得知那個球員在比賽的最後一分鐘穩穩罰進兩球。根據體育記者的說法，那兩分開啟一陣攻勢，讓球隊在小分差的比賽中獲勝。

讓我們來談談，罰球時如何運用充氣孔幫助你聚焦與專注吧。從裁判手中拿到球之後，讓充氣孔朝上。眼睛盯著那個黑色的塑膠小圓點，慢慢運球三下。不要像在賽場上那樣快速運球。此時要緩慢、謹慎地讓球彈跳。這會把你的注意力帶回此時此地，會提醒你「罰球是一種不一樣的投籃」，是「比賽中的比賽」。這個動作還會創造出一段安靜、獨立、擁有不同節奏的專注時間。

運球三下可以幫助投籃的手臂與手掌裡的血液順暢流通。這能讓你的肌肉放鬆，動作也會變得流暢。如果從一個完全靜止的姿態開始投籃，那反而不利，可能會造成第一個動作不穩或過大。

多數的球員在罰球時都會先運幾下球。這個你很熟悉了，或許沒什麼要調適的。但是為什麼要盯著充氣孔呢？

從身體的角度來看，找到充氣孔可以確保你每次投籃之前，持球的方式都是完全相同的。不過從心理層面來看，盯著充氣孔也是一個很重要的步驟。充氣孔本身一個全然中性的東西，是沒有意義的。但是如果你在罰球之前眼睛看的不是充氣孔，而是球場上的任何地方（例如計分板、計時器、教練），都有可能給你帶來更多壓力。所以，盯著這顆塑膠小圓點，能為你的心靈掃除那些隨著比分接近而逐漸累積的、造成壓力的千萬件事情。

把充氣孔想像成宇宙的黑洞，它可以吸走所有零亂紛雜的想法，讓你把注意力全然放在一個小圓點上。盯著充氣孔，配上三次運球，將能澄靜你的心靈，讓你的罰球慣例準備好展開。這樣一來，罰球慣例開始的時候，你的身心靈將會合作無間，而非互相衝突。

第三步・射手的手感——拇指放在溝槽，中指指向充氣孔

不管我如何將投籃的過程機械化，一切終究要回歸到一種「手

感」。是你的手（或者更精確一點說，是你的手指）把你跟籃球連接在一起。你手中的籃球必須給你一種好的感覺。當你在罰球之前持球，身體應該要說：沒錯，感覺真棒——這球會進。

反正橫豎都要拿著球，何不每次都用同樣的方法拿？讓籃球幾乎像是為你的手掌而設計，用那種感覺最棒的方式把籃球拿著。不要把籃球想成一個抗拒你的獨立物體。把它想成你身體以及意志的延伸——就算它已經飛出指尖，在空中劃出弧線往籃框飛去，依然會聽命於你。

第三次運球之後，你就能同時把手指放在最正確的位置。把這個動作練習好，就會讓後面所有步驟順暢融合。請將你的拇指放進可以讓中指指向充氣孔的溝槽中。好，現在，不要再移動手掌了。不要滑動手指，不要把籃球拿起來在手掌中旋轉。因為你的手掌跟手指已經處在最適合投籃的位置了。

把拇指放在溝槽的另一個用意是，這樣也能讓籃球在出手後產生後旋。不需要做多餘的動作。當指尖與拇指正確出手，後旋就會自動形成。這種旋轉可能造成進與不進的差別。

把手指放在正確的地方，能帶給你一種「射手的手感」。什麼是射手的手感？技術上來說，就是投籃時的出手方式。當你給予籃球正確的旋轉，球碰到籃框內緣，就會輕柔地落進網內。手感不對的時候，球碰到籃框內緣，就會加速彈跳，最後彈框而出。

研究投籃多年之後，我不得不說「射手的手感」其實不只關乎籃球的旋轉。那是偉大的運動員都擁有的一種特殊手感。那是當你深愛自己的運動時才有的手感。那是當你不管吃喝拉撒都沉醉在那項運動之中才能培養出來的手感。

第四步・將手肘朝向身體兩側收緊

前面三步驟會讓你進入最適合罰球的狀態。心裡沒有雜念，拇指按在溝槽上。接下來的四個步驟則是實際的投籃步驟。

為了方便你學會、記憶與練習，我把接下來這四個動作分為四個獨立的步驟。可是在實際操作的時候，它們將順暢地彼此連接、相互重疊，融合成一個流暢的動作，最後會把你的籃球導向籃框。而這個過程的起點，就是把你的手肘收進「投籃口袋」。

何謂投籃口袋？讓我教你一種找到投籃口袋的方式，也就是運用許多成功人士的心法：「逆向推導」。高成就者先看見自己想要抵達的地方，然後梳理出能夠將他們帶到那個地方的步驟。現在，我們把這個方式套用在罰球上。

先把球放下。在罰球線前面站好腳步，面對著籃框。現在將手臂向前伸出去，指向籃框後緣的正中央。想像你的手臂長度有四公尺半，能夠直接把球輕輕放入籃框內。把手臂縮回來，直到手掌放在胸前。現在，有一條想像中的直線穿過你的身體，直達籃框中心。而你投籃的那隻手，現在就處於這條線上。

把球拿起來，拇指按在溝槽上，把手放在相同的位置。跟許多球員一樣，這個時候你的手肘仍會稍微向外突出。請把手肘收進來，讓它也進入「投籃口袋」。

投籃不進，只有四種原因：太短、太長、偏左、偏右。只要正確彎曲膝蓋（下一個步驟會解說），就能確保投籃距離不會過短或過長。現在，當你收緊手肘，伸直手臂，讓手指直指籃框，就能消除偏左或偏右的失手情況。不進的可能性直接被減去一半。

在我建議的所有步驟之中，收緊手肘會讓許多球員感到最不自然。**然而，這卻也是罰球動作機制中最重要的一個步驟。**

我常看到球員在外線出手的時候，手肘呈現向外突出的狀態。那是為了架開試圖把球拍掉的防守者。但別忘了我先前說過的話：罰球不一樣，罰球的時候沒有人擋在你前面。一切都在你的控制之中。所以你應該使用能帶來最高、最穩定命中率的投籃方式，也就是把手肘收進來。

花點時間思考一下。一個右撇子出手時若將他的手臂向外突，在手肘突出的狀況下，把球推出去之後，手掌就會偏斜，朝向籃框的一側偏斜。因此若要投籃命中，就必須把握「手掌跟籃框成一直線」的那個極短瞬間，在這個瞬間將球投出。若要精確掌握到這個極短的瞬間，需要絕佳的手感，而在壓力之下，這份手感會第一個在罰球線上背棄你。

反觀，預備出手時將手肘朝向身體側邊收緊，手掌與球就會沿著通往籃框的直線運行。一開始，這可能讓人感覺有些機械化。無妨，我就是想讓你成為一具得分機器。所以，收緊手肘，然後放輕鬆——告訴自己，你不可能因為偏左或偏右而失手。

第五步•彎曲膝蓋

有些專家認為，罰球應該是上半身的運動。我完全不同意這種觀點。彎曲膝蓋——彎曲的程度，必須在每次罰球投籃時都一樣——將會給予籃球恰到好處的飛行距離，直抵籃框。接著，你的手臂就可以將球導入籃框。不信的話，可以試試看坐在椅子上投籃，你就知道膝蓋對投籃有多重要。當然，坐著投籃，你還是可以把球投到籃框附近，但是球飛行的距離就很難拿捏了。如果距離無法掌握，準度就會下降。

投籃的時候，我們常會過分強調手臂、手掌與手指，而忽視腿部的動作。因為籃球畢竟在我們手上，我們是用手指感覺籃球。然而，投籃其實是從地板開始的一系列連續動作。透過正確彎曲膝蓋，你不只可以得到正確的距離，也能為後續動作建立流暢的節奏。彎曲的膝蓋將流動的力量送往全身，身體再把球射向籃框中心。

張伯倫在自傳中提到，高中時期的他很擅長罰球。但後來他的膝蓋受傷，罰球時彎曲膝蓋會讓他疼痛不已，於是他只好改變罰球方式，結果命中率直線下滑。罰球不佳一直是他揮之不去的惡名。事實上，這個問題令他苦惱到跑去諮詢心理治療師，想要找出罰不進球的原因。

從腿部發動投籃，還有另一個好理由：當你在球賽關鍵時刻站上罰球線，渾身顫抖，緊張不已，這時腿部的大肌肉會比較可靠。手臂、手腕與手掌的小肌肉比較可能做出誇大而不穩的動作。

腿部的彎曲應該到什麼程度？需要由你親自實驗去找到結果。但彎曲的程度很可能比你想像的還要更多一些。膝蓋必須彎曲到一種「讓手臂感覺似乎根本不用出力」的程度。還有，你也會發現，彎曲膝蓋會自然讓投射產生一道漂亮的高弧線。

懂得正確彎曲膝蓋，你就永遠不會因為投短而失手。如果被迫二選一，投籃過長比過短好。過長的球還有機會彈進，甚至打板進球。但罰球麵包不只讓你少拿一分，還讓你丟臉到家。

你現在已經知道了，腿部能夠賦予投籃正確的距離，接著請你透過練習把它融入身體的節奏，跟罰球的其它步驟連成一氣。記住，決定投射弧度的因素有二：腿部彎曲的程度以及手臂延伸的角度。這兩者必須順暢合作。

還有一件事。面臨壓力的時候，身體的肌肉會緊繃。這在腿部最為明顯。槍口之下的你可能會用僵硬的雙腳站著。在開始罰球慣例之前，先做幾次曲膝放鬆。然後，一旦進入慣例，你的膝蓋就會跟練習時一樣，彎曲得恰到好處。

第六步・眼望目標

曾經有人跟我說過，現在所處的位置並不重要。未來是成功還是失敗，端看你把眼光放在哪裡。也許你住在破屋，以挖水溝為生，但只要一直想著住在蛋黃區裡的豪宅，擁有夢想工作，你終會找到達成目標的方法。

同理，現在要教的這個步驟，就是要你把眼光放在想要讓球抵達的位置，持續看著同一處，直到聽見觀眾因為你進球而歡呼。換而言之，在投籃之前就要先告訴身體：不要看半空中的球。這能讓身體保持靜止，並且給心靈一個強力的訊息：球一定會命中目標。

對於身體動作來說，眼睛是強大的驅動器。倘若投籃時心裡充滿懷疑，出手後就會馬上盯著球，看它往哪裡去。這可能會阻斷你的隨球動作。出手不順，就會打鐵。

好，所以投籃時應該把目光放在什麼位置？

關於這個問題有許多理論。你的第一直覺是，目光放在籃框前緣，因為從罰球線朝籃框方向看，就是看到這裡。但這會造成投籃偏短。看著籃框前緣，球就會打中籃框前緣。問題不是出在投籃，而是出在瞄準的位置。

有些射手說他們會瞄準籃框後緣。但你也不希望球打中那裡。如果籃球真的碰到框，你無法確定它一定會彈進。

你的目光所在其實應該是一個空間，一個你想要讓球穿過的圓柱體。盯著籃框後緣上方的空間，將目光維持在那裡，直到看見球穿越那個圓柱體的空間，落入籃網。

有些比較細心在閱讀的人，可能會對上面所述各步驟的順序感到疑惑。我叫你彎曲膝蓋，然後再抬頭看目標。你可能會覺得，這樣一來，投籃之前就沒有足夠的時間瞄準。

這就是重點：投籃之前不要瞄準太久。事實上，籃框的影像閃過眼簾的時瞬間，你就應該出手了。這能幫你避免過度思考。在這種時候，最有害的事情就是「想」。有什麼好想的？

如我在前面所說，你已經知道籃框在哪裡。危險的不是沒有足夠時間瞄準。危險的是瞄準太久，干擾了一氣呵成的投籃節奏。

寫作本書的同時，我用快速播放觀看自己的罰球影片。我發現收緊手肘、彎曲膝蓋，跟瞄準籃框這三個動作是重疊的。記得步驟是重要的，但不要讓順序僵化。也不要將這些步驟區隔開來。用自然的節奏將它們融會貫通。

第七步・投籃並做出隨球動作

你的雙腳與肩同寬，平行站立。你的手肘收緊，膝蓋給予投籃恰到好處的力量。你的眼睛鎖定目標。到了這裡，你的準備動作已經完美到籃球幾乎會自己找到靶心。請注意，我說「幾乎」。

還差哪一步？你還需要對著籃框順暢地將手臂伸直。你必須要有完美的出手，並確定自己完成了後續的隨球動作。然而，既然已經讓身體各部位各就各位，這些動作其實會自然而順暢地發生。

出手後的隨球動作為何重要？你可能會反駁說，只有籃球離手之前的事情才有影響。一旦離手，誰理你的隨球動作是怎樣？我大學時期的籃球教練不想要球員做出手後的隨球動作。他認為那只是耍帥。

但現在我們知道隨球動作的重要性，因為它會強烈影響前面的事情——也就是出手。就算球已離手，只要你繼續完成投籃後的隨球動作，就能確保最漂亮的弧線、後旋，以及手感。有些教練甚至建議出手後維持隨球動作整整一秒。這不是炫耀，而是要讓動作完整而流暢。

好的罰球就是將互有關連的基本動作順暢結合在一起。在上述的七個步驟之中，我把焦點放在「讓罰球成功的關鍵動作」之上。現在，我要來評說一些你可能會想要搞懂的相關問題。

非慣用手

非慣用手，也被稱為「輔助手」，其實非常重要，因為它要讓球保持在正確的位置，直到慣用手把球投出。我喜歡讓一切保持簡單。我不想探討任何多餘的東西。所以，把非慣用手放到對的地方，然後我們就可以專心處理別的事。

要描述非慣用手的作用，最簡單的方式就是把它比做高爾夫球的球座。球座讓小白球處在正確的位置，直到球桿將球擊出。球座不會把小白球放到別的地方，或是動來動去。投籃的時候也是一樣。你希望非慣用手能提供穩定性與一致性。

當投籃手處在投籃口袋，籃球的重量有很大部分放在非慣用手上。假如你不喜歡高爾夫球座的比喻，就想像自己舉著一只食物托盤。正確的姿勢之下，你的前臂跟手肘會很接近。出手的時候，非慣用手留在原位，投籃手伸直。

非慣用手的位置不應該有太多改變。如果在投籃手延伸的同時，非慣用手也跟著伸出去，就會在球上添加不必要的施力。放任下去，非慣用手就會愈來愈習慣參與投射。然後，你的罰球投籃將會變得比較像是跳投，而非定點投籃。

要追求罰球線上的穩定性，必須每次都用一模一樣的方法執行一模一樣的步驟。讓輔助手保持在籃球下方，接近身體。在練習時注意它的位置，確保它沒有偏移。然後，到了賽場上，腦袋別再想非慣用手，把焦點放在距離與準度上。

彎曲手腕

投籃教練經常強調預備投籃時彎曲手腕的重要性。投籃的過程中，手腕的扣球動作是給予籃球的最後一份施力。這個動作非常重要，因為它能讓球旋轉。如前面所述，後旋能讓球在觸框之後輕柔彈進。

對於彎曲手腕，我的看法是：何必把事情弄那麼複雜？何必在罰球程序中添加額外的元素？只要把投籃手放在正確的位置，在投籃口袋中靠近身體，手腕就會自動彎曲。接下來，只要放鬆做出隨球動作，手腕就會自動扣球，製造出所需的旋轉。

拿起籃球，做出準備罰球的正確姿勢，收緊手肘，把手臂放進投籃口袋。現在，低頭看看你的手腕。手背的皮膚是不是有皺褶？如果有，你的手腕就已經彎曲了。現在你可以放輕鬆，忘掉彎曲手腕這件事了。

罰球的弧度

用正確的弧度射籃是很重要的，但是同樣的弧度很難適用於每個球員。一個球員可能身高一百八十三公分，另一個則是超過兩百公分的長人，兩人差這麼多，投籃的弧度當然也不一樣。

當你試著改變投籃弧度，或是找尋恰當的弧度，應該先檢視有哪些動作會決定弧度，而非直接嘗試控制籃球離手的角度。決定弧度的因素有三：腿部提供的力量、投籃手的角度，以及對於出手彈道的心理概念。

許多優秀射手常會這一球投平射炮，下一球又變高射砲。我推測的原因是，在身體執行投籃動作的過程中，你會感覺到腿部提供的力量夠不夠。如果足夠，籃球就會畫出一道漂亮的弧線，通常會破網而入。如果雙腿沒有把工作做好，為了補償不足的力量，你的手臂就會比平常更用力。此時，你的手往往會把球往籃框推過去，而非做出流暢的隨球動作。運氣好的時候，還是能把球投進。不然的話，籃球就會砸到籃框前緣。

經驗告訴我，練習的時候，你的出手弧度應該略高於自己的設想。可能是三十五度到四十五度之間的中等弧度。中等弧度能給你比較好的掌控力，也比較配合多數球員自然的投球風格。這種弧度的完美投籃會讓球穿越籃框，打到後面的籃網。就算碰框，仍有很高的機會進球。

想當然爾，倘若命中率低落，就必須調整投籃的弧度。也許出手的力道是對的，但弧度若是太高或太平，就無法把球投進。所以應該改變投籃弧度，而非調整力道。偏長，就加高弧度；偏短，就把弧度拉平。

讓我教你一個調整罰球弧度的簡單方法。聽起來可能很怪，但調整罰球弧度這件事情，其實可以透過「改變對投籃的想法」來達成。為了讓我的弧度保持正確，我會看著籃框上方的空間，想像籃球穿過那個空間。這能在心裡創造出對的影像：籃球飛越過了前框，破網而入。這能幫助我投出的球畫出漂亮的自然弧線，卻又不用困於對彈道與角度的分析之中。

以什麼詞彙思考運動，是件重要的事。偉大的射手瑞克．貝瑞（Rick Barry）說太多球員想要把球「投向」籃框。於是，籃球被推出去，往往投得太短，碰到前框彈出。反之，他對投籃的想像是把球「投到籃框之上」。我覺得這是一個很好的建議。要不是我已經有自己的關鍵想法，也許會採用他的看法。

無論用什麼方式達成投籃的弧度，請記得：籃球的弧度應該是本身投籃方式的自然產物。投籃的目的是進球，不是達到某種特定的弧度。

一組流暢的動作

讀完這些，你可能會覺得自己現在要記住的很多東西。其實我開發出這些步驟，不是為了讓你頭腦更混亂。我做這些事的目的只有一個：在罰球線上拿更多分數。而且，當你的罰球進步，球技的其它面向也會隨之提升。信心造就成功。成功帶來信心。

你應該只需十五分鐘，就可以學會怎麼把全部的步驟融會貫通，結合成一組僅費時六秒的流暢動作。在罰球診療課程上，教練總是把罰球最爛的球員交給我指導。我看過許多人在十到十五分鐘之內產生了令人驚奇的進步。彷彿這些球員正在等著可以遵循的確切指導。一旦學會慣例，籃球自會一次又一次找到籃框。

把我上述的罰球之道融會貫通之後，你會得到一種特別的感覺：球一離手，你就知道會進。這就是罰球的絕對領域。而你可以每一次都進入這種狀態。你距離那個絕對領域，只差三次運球了。開始你的慣例，讓它發生吧。

愈能融會貫通，動作就會愈形流暢，罰進的球數也會愈來愈多。

若你想要發明你自己的節奏與步調，請便。但在你開始更改我已經教給你的技巧之前，請一定要記住：我花了整整兩年開發、修正這些步驟。我在一個單一動作上就費時兩個月。把這一切融合在一起之後，我連續罰進兩千七百五十球，而且停下來的原因並不是因為失手。要是你覺得你已經發現某個被我忽略之處，而且你已經運用你的技術而打破了我的紀錄，那我會很樂意聽你說。在此之前，我確信這是目前最好的罰球方式。

下次上場練罰球之前，你可以先把上述的步驟默想一遍。學習、練習，堅決遵循。然後把每一球都罰進。

六秒執行完美罰球七步驟：

第一步：雙腳平行站穩。

第二步：充氣孔朝上，運球三次。

第三步：拇指放在溝槽，中指指向充氣孔。

第四步：收緊手肘。

第五步：彎曲膝蓋。

第六步：眼望目標。

第七步：投籃並做出隨球動作。

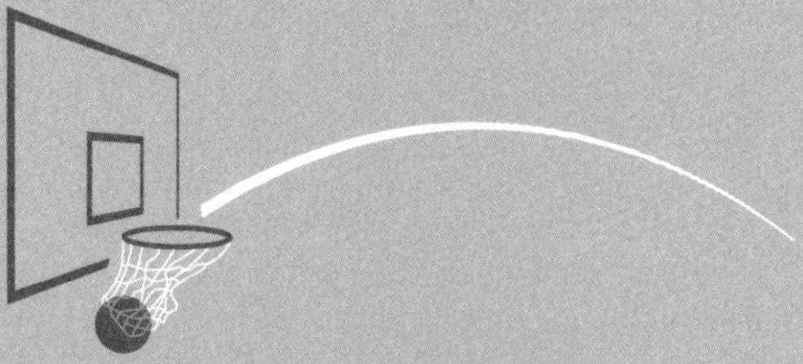

第四章

心理層面：聚焦與專注

過去與未來，
是運動員之敵。

——馬克・波亞（Mark Boyea）博士

有個竅門可以立刻幫你成為一個更好的射手。

想像你在籃框上放一把尺。你會發現它的直徑是十八寸，大約四十六公分。現在，測量一下七號籃球。你會發現它的直徑只比九寸多一點，不到二十三公分。

換句話說，你幾乎可以同時把兩顆籃球一起塞進籃框。

這代表一次完美的投籃，能讓籃球在進框的瞬間，整顆圓形的籃球上下左右周圍都還留有超過十一公分的空間。事實上，就算圓形籃球的一端只有兩公分，而另一端空出二十公分，球還是可以在不碰觸到籃框的狀況下破網而入。罰球的容錯率遠比你的想像高。

上述說法可能會讓你感到驚訝，因為當我們抬頭看籃框，有部分視線會受到籃網阻礙。其實，我曾把這些關於尺寸的事實告知一些籃球場上的老將，他們的回答是：「天啊，我還以為籃球大到只能勉強擠進籃框。」

我對籃球與籃框的描述，可能會在你心中創造出一個新的印象。此時，罰進球對你來說很可能已經變得比較容易了。為什麼呢？籃框有變大嗎？你的投籃技術有變好嗎？都沒有。但你對困難程度的預設已經降低了。

這就是心理層面重要性的一個例證，而這也會開始讓你體會到在罰球線上控制想法的重要。永遠都要讓困難最小化，讓自身能力最大化。

關於控制想法，有一個矛盾：唯一能夠控制心靈的東西就是心靈本身。知名演員萊斯里．尼爾森（Leslie Nielsen）出過一本與高球有關的小書，叫做《高爾夫小傻書（*Stupid Little Golf Book*）》，在書中他指出，打高爾夫球時「不要想」是很重要的，問題是你愈是提醒自己不要想，結果當然就是反而讓自己愈發的去想。

一旦困在這個思想的輪迴裡，停止思考似乎是不可能的。但只要稍微知道心靈的運作方式，就會有一個掌控思想的方法。

一次一個念頭

有時候我們的念頭雜亂到無可救藥。雖然我們能夠飛快地連續變換想法，但每一個瞬間的意識裡只會有一個念頭。那個念頭若是負面的，就鋪下一條通往失敗的道路。反之，讓那個有意識的念頭變得正面，成功的機率便會大大提升。

接受這個簡單的概念，學著加以運用，不單能讓你成為卓越的罰球者，還能幫助你成就任何真心想要做到的事情。

當你在比賽的倒數階段踏上罰球線，眼前兩罰將能追平或致勝，意識裡的那個念頭一定要是正面的。聽來雖然奇怪，但你真的可以用心靈去控制心靈。運用聚焦與專注的秘訣就能做到。

或許你早就聽多了。教練總是喊著：專注！專注！可是他們卻沒有教你如何專注。也沒有告訴你，到底什麼是專注。

聚焦與專注的力量

每天早晨，只要你登入媒體的體育新聞，閱讀運動明星的發言，就會看到許多贏家都把勝利歸功於專注。有些人則說獲勝是因為他們懂得聚焦。這兩個詞彙——聚焦以及專注——不斷從頁面中跳出來。我進一步將兩者結合為一套致勝組合：聚焦與專注。

這兩個詞彙對多數人來說都不陌生，但卻有許多不同的使用方式。接下來就讓我告訴你，為何這兩個詞彙能適用於每個運動，尤其是罰球。

聚焦有一個意思是「把東西看清楚」。當你的視線聚焦，眼睛裡的晶體就會把光線聚集在一起，創造出清晰的影像。放大鏡能將光線聚集在一個小點，然後那個小點的溫度最後會高到燃燒起來。如果說一個運動員要讓手感起火，所有注意力都必須聚焦在當下的瞬間。這不代表運動員要在心裡努力分析當下的動作與技巧——那是練習時該做的事。我的意思是，心靈應該被用來讓運動員的注意力自在地保持在當下，就在此時此地。這件事為何重要？

假設你在一場比分接近的比賽中踏上罰球線，等待裁判把球交給你。抬頭看計分板，發現比賽只剩十秒，你的球隊仍落後兩分。倘若你不懂聚焦，則你的心思可能會離開當下，游移到記憶中，想起另一場相似的比賽……也許是在高中，你罰失的兩球害球隊輸掉冠軍……你的腦袋開始回想起關於那個事件的更多細節：隨著輸球而來的痛苦、恥辱、賽後教練臉上的表情、觀眾的哀號、對手的歡呼。

在一瞬間回憶起過去那樣的情景之後，你在當下可能會告訴自己：「我絕對不要再次經歷那種事！這兩球非進不可。」

現在，回到現實。裁判把球交給你，而你即將帶著這些盤桓不去的負面念頭罰球。你覺得身體會怎麼反應？肌肉會不會緊繃？心臟會不會狂跳？當然會。你在自己身上施加太多壓力，覺得罰球沒進等於世界末日。

一直去想著「等下我罰球的時候一定不可以失手」，這就是在玩一場危險的遊戲。未來有太多不能確定而且不受你掌控的事。另一方面，過去的事情雖然已知，卻不能被改變。有一句流傳很廣的話可以為此作個總結：「昨日已成歷史，明日猶未可知。當下則是一份禮物。」所以英文的「現在」也有「禮物」的意思。

所謂聚焦，就是把心思留在此時此地，處理你能控制的事情。如我在前面所說的，籃球場上很少有完全任你掌控的東西，而罰球正是其中之一。

濃縮溶劑

我將專注視為聚焦的搭檔。對於不同的人而言，專注有著不同的意思。在談論專注不是什麼之前，先讓我描述什麼是專注。

英文裡的「專注」也有「濃縮」的意思。當溶劑中的某些物質變得更強，溶劑就變得更濃縮。沒有添加任何新原料。唯一改變的就是液體的濃度。對於一個籃球員來說，專注就是運用心靈讓自己成為一個強度更高的球員。專注之下，你還是具有同樣特質的同一個人，只是強度與效能都提升了。

雖然這可以幫助你了解何謂專注，卻不見得能幫助你善用專注。當我跟球員說罰球的時候一定要專注，得到的結果是：球員做出準備投籃的動作，然後就靜止了。他們會盯著籃框好幾秒，接著笨拙地把球丟出去，通常不會進。

專注不代表「用力嘗試」。專注不是咬牙切齒盯著目標，直到眼球快要脫窗蹦出來。其實，專注可能跟多數人所想的剛好相反。我認為籃球場上的專注，就是將自身能力放到最大，以求達到最大程度的成功。

別因為追求專注而讓身體充滿緊張，這樣只會徒增問題。應該要運用專注讓自己變得更加強大，更加成功。

在本章接下來的部份，我將教導你運用「聚焦與專注」這一組魔法詞彙來鍛鍊心靈，如同前幾章教你如何訓練身體一樣。首先，讓我用一則故事來告訴你，罰球的心理層面跟正確的投籃動作一樣重要。

做好心理準備

要創下籃球罰球的世界紀錄，並不是在牆上釘個籃框開始投球，然後算一算自己投進幾球就好。我必須付錢請十個人來見證我投進的每一球，還要請他們簽署作為證人的宣誓書。唯有這樣，《金氏世界紀錄》才會將我的成就列為正式的世界紀錄。

既然要付出那麼多的時間與金錢，我當然想要確保自己一定會打破世界紀錄。我不想要連進七十五球之後，在下一球「啊」的一聲失手。或者更糟，在接近兩千零三十六球的前一個紀錄的時候沒進。要是我的第兩千零三十五球彈框而出怎麼辦？

我得盡一切可能創造出最有利的心理狀態。我必須維持高度專注長達十二小時。為了做到這樣，我在自己身上做了一個實驗。結果證明，這個實驗非常成功。

世界上有許多事情會讓我感到不快。我常常在早報讀到某個事件，就一整天揮之不去，時不時突然中斷我的思緒。我不想在挑戰世界記錄的過程中，進球數已經接近我所設定的目標之際，被突發的思緒所干擾。不，我不想發生這種情況。

於是，從嘗試破紀錄的前三週開始，我執行一套特定的「心靈飲食」。我把所有不快與爭議的思想從心裡徹底移除。我不讀報紙，也不看不聽電視與廣播的談話節目。

我用優美的音樂來替代媒體。我播放最喜歡的喜劇家的錄音帶。我閱讀發人深省的書籍。整整三個禮拜，我讓心靈沉浸於幽默、和諧與愉悅的思想之中。

我的邏輯是：人的心思複雜而神祕，多半超出我們的直接掌控。要花很長的時間才能調整心靈或是改變思考模式。我覺得最少需要三個禮拜，才能將所有不快與衝突的思想壓至夠低，足以讓身心靈保持十二小時的全面和諧。

請想想我剛說的這一切代表著什麼。我用多數運動員調整身體的方式對待自己的心理。我仔細篩選我餵養意識的東西。我想，至少在短時間之內，我可以徹底控制放進腦袋裡的東西。

我嘗試為成功製造出最理想的環境。若能對自身能力深信不疑，就能制勝。然而，得到此種水平的自信，難度並不亞於運動本身。

在拳擊場上，獲勝的企圖常被描述為「鬥志」。當觀眾看見一個拳擊手不斷出拳，拒絕放棄，他們看見的是鬥志。但你知不知道，早在比賽開始之前就能觀察出這種特質？

我的朋友醫學博士麥可．德路卡（Michael De Lica）是一名運動心理治療師，也在加州競技運動委員會擔任醫師，常在賽前的更衣室裡替拳手健康檢查。他說光是看著拳手的眼睛，就能預判比賽結束誰會高舉勝利的雙手。他們的鬥志以及對自己身為贏家的信念，就跟體格、技巧，以及速度一樣，旁人一眼就能看清。

正向教學

偉大的高爾夫教練哈維・佩尼克（Harvey Penick）也認同維持正面態度的必要性。他說他在教球時總是避免使用「不要」這個否定詞彙。為了使用正向的方式說明，他會更改自己說話的方式，例如他避免給出「不要彎曲左臂」這樣的指令，反而會建議「如果讓左臂維持伸直的狀態，你的距離跟準度都會提升。」

有些詞彙，佩尼克甚至會全面迴避，例如「緊繃」這個詞最能讓運動員感覺到壓力，因此他不會說：「打短切球的時候，向下握桿的手臂保持緊繃。」反之，他會說：「向下握緊球桿。」任何狀況之下，他都不希望讓「緊繃」這個詞彙殘留在學生的意識裡。

跟佩尼克一樣，我認為思想會影響行為。我相信身體是腦袋的僕人。但身體正在等待清楚的指示。倘若接收到像是「不可以失手！」這種慌亂的命令，這就不是清楚的指示，因為腦袋只有跟身體說了「不要做某事」。你可以用肯定句跟自己說話，效果會好很多。別再說：「不要失手！」反之，冷靜地告訴自己：「把球放進籃框。」

康乃狄克大學女子籃球隊的教練吉諾．奧芮瑪（Geno Auriemma）表示，讓球員「預期每一球都會投進」是很重要的。所以教練必須注意自己表達想法時所使用的言辭。不要跟球員說：「如果繼續在罰球線上失分，我們就會輸球。」更有效果的說法是：「我們會好好練習罰球，然後把每一球都罰進。」

預期至為重要。前兩天我跟一位教練談話，他認為麥可喬丹之所以擁有如此超凡的得分能力，是因為「他預期每一次出手都會進球，沒有一次例外。」

心理教練

縱使多數的選手都知道比賽中心理層面的重要性，卻不知道該如何控制心理。鍛鍊調整身體的動作比較容易——傳球、運球、上籃。若有某個地方出錯，我們往往可以用眼睛看見。然而，一旦進入心理層面，我們不可能光是看著自己的腦袋就找到出錯的地方。

我不是心理學家，也不是心理治療師——雖然我在摸索罰球之道時曾跟許多心理醫生與治療師討論——而且我也不想深究那些聽起來很厲害的理論。但我確實清楚一件事：如果想要在壓力之下把球罰進，一定要學會控制心理，就如同控制肌肉那樣。

我所謂的控制心理，其實就是不要讓心理阻礙自己。當身體正在執行訓練時所做的事，你要讓腦袋保持忙碌——或者，能將腦袋清空更好。你的任務就是用腦袋去淨空腦袋，只要短短的時間，足以讓你完成罰球就好。

球員常常問我：罰球時最理想的心理狀態是怎樣？我總會反問他們：「要不動如山。那麼，山（mountain）的縮寫是什麼？」然後，我會指著腦袋：「MT，念起來就是empty。空空如也。」

這笑話很老套，但可以幫助他們記住這個重點。也許，在每一次罰球之前，你都應該輕敲自己的腦袋，反覆說著empty這個字。這樣的動作可以促使你將腦袋淨空。

罰球咒語

能在伸手不見五指的黑暗中百步穿楊的禪師們對於專注的體會，

我窮極一生也無法企及。所以，我向他們借用了「唸誦咒語」這一招，來幫助自己在罰球線上達到清淨的心理狀態。

所謂咒語，通常是指為了安心而反覆唸誦的字或詞彙。這樣講沒錯，但卻沒有表達出咒語的完整意義。

冥想的時候，冥想者會反覆唸誦咒語，直到進入一種空無的境界。咒語讓腦袋保持忙碌，成了腦袋在當下那一刻唯一能夠處理的意識。這種狀態讓自然的自我運作得更為自由。

就是在這種空無的狀態之下，籃球員才會在跟敵隊控球後衛糾纏在一起，整個身體失去平衡的時候，還把三分球投進。就是在這種空無的狀態之下，網球員將看似不可能擋下的穿越球打回去。就是在這種空無的狀態之下，游擊手飛撲接住呼嘯而過的平飛球。

我曾看偉大的網球選手皮特．山普拉斯（Pete Sampras）在奪冠之後接受訪問。採訪者問他在場上表現神勇的同時都在想些什麼。他的回答簡潔而優雅：「什麼都沒想。」他不是隨口亂說，也不是不願意配合訪問。他只是忠實敘述頂尖運動員比賽時所處的心理狀態。有些運動員曾表示，進入這種狀態，就好像靈魂出竅，在旁看著自己運動。他們把身體的控制權完全交給本能反射以及肌肉記憶。腦袋則後退坐好，靜靜欣賞這場表演。

我們能在籃下激烈爭戰的時候找到這種安靜狀態。可是到了罰球線上反而困難多了，因為有太多時間可以思考。但有了這個咒語，你就能將腦袋淨空，放任身體去做它在練習時做過數千次的動作。

不要進行負面的、有毀滅性的自我對話，例如提醒自己以前總會在關鍵時刻軟手。也不要思考自己的手感是否火熱，或揣測未來的運勢。反之，把注意力都放在手邊的任務上。你擁有絕對的控制權。籃框一樣距離你十五呎，距離地板的高度一樣是十呎。無論壓力多大，這些事實都不會改變。成群的觀眾再怎麼尖叫，也無法讓球的飛行軌道偏移。

只要專注力夠強，你就會感覺到這個世界只有你、籃框，跟籃球。三者合作無間。

別忘了你的慣例，這正是需要它的時候。重新對自己複誦一次七步驟。當你聽見咒語，會感覺安心、放鬆，然後憶起在練習時成功投進的無數次罰球。

雙腳平行。運球三次。拇指按住溝槽。彎曲膝蓋。眼望目標。出手並做出隨球動作。

內心比賽

心理遊戲的玩法有很多種。著名的運動心理作家提摩西・高威（Timothy Gallwey）在他的著作中廣泛探討網球、高爾夫，以及滑雪的「內心比賽」。我覺得所有認真的運動員都應該關注他談論的東西。

高威小時候打網球，有次在全國性的青少年組網球賽事裡，他正要用一個毫無難度可言的截擊了結對手。結果，他卻把這顆球打成掛網。於是他開始探問自己為何會在這種簡單到近乎荒謬的球上失手。他後來持續探究這方面的答案，讓他成為專攻這個領域的作家與講師。

高威的結論是，從事運動的時候，我們的心靈會分裂為擁有不同個性的兩個人，或者說，兩個「自我」。其中一個喜好分析，往往過度批判，最終總會礙手礙腳。他把這一面人格稱為「自我一」。另一個自我安靜、自信，充滿驚奇潛能。他將此稱為「自我二」。從事運動時，自我一持續評斷、批判，並且試圖控制自我二。最明顯的時候，就是當你聽到一個球員衝著自己怒吼：「你這白癡！怎麼連這種球都投不進？空檔跟海一樣大耶！」

對此，高威的解決方法是，首先，理解心理的分裂本質。再者，學會信任自我二。為了做到這件事，他運用一種類似咒語的技巧。在網球場上，當對手打過來的球接近，你要盯著球直到它落地。球落地的同時，在腦中說：「彈。」然後，你揮動球拍，擊中球的那一剎那，在腦中說：「打。」

這種「彈」「打」技巧的目的，是要在自我二完成任務的同時，讓自我一的意識保持忙碌。就好像屬下故意請老闆去做一件沒有意義的差事，好讓員工默默搞定眼前的工作。

若要我將自己的技巧跟高威的「彈」「打」做比較，我會說盯著充氣孔低聲複誦咒語也能達到相同的效果。用盯著充氣孔這個無意義的動作去纏住可能干預罰球的意識。

重視過程，而非結果

我的朋友詹姆斯．詹．金（James Jen Kin）博士是頂尖的拳擊裁判、武術專家，也是知名的運動心理治療師。雖然我知道自己的方法有用，因為我成功使用過好幾次，但我也想聽聽專家的意見，於是去請教他。聽完我的罰球之道，他說當運動員處在壓力之下，就會執著於結果。在罰球線上，這就代表運動員執著著「我一定要兩罰俱中」

這個結果。

要是我們可以看見籃球員的內心，他們在心中可能正在這樣喃喃自語：「這球非進不可！如果沒進，我們會輸掉這場球。如果輸掉這場球，我們會失掉冠軍。如果失掉冠軍……」

詹．金博士建議，處在巨大壓力之下的球員應該要想：「好，開始這個過程。記住每個步驟。全都做好，球就會自己找到籃框。」

他認為，當運動員把焦點放在過程，自然會搞定結果。「你幾乎可以對自己說：『反正我就把每個細節做對，管他媽的結果怎樣。』」

我的專注力受到挑戰

《ABC世界新聞》訪問我的時候，正好展現了我的專注能力受到挑戰時的情況。主播瑞克．羅薩諾（Rick Lozano）聽我說到我可以將一切的外來干擾都屏蔽在腦袋之外，他顯然不相信。於是他請我站上罰球線投籃。然後，在沒有警告的狀況下，他突然揮手吼叫，並且朝著我猛撲過來，意圖讓我分心。我依然沒有失手，順利把球罰進。

奇怪的是，我不得不說：當時我甚至沒有注意到他。或者，注意到他的是我另一部分的意識。我知道他在那裡，朝著我快速移動過來。但我已經預先決定要把球罰進。進入慣例的我唯一聽見的只有在腦中複誦的咒語。這一個念頭就強大到足以將所有無關的干擾屏蔽在外。

那次的經驗更讓我體認到「慣例」的價值多麼珍貴。過程的每個部分都彼此相連，所以過程一旦啟動，就算受到外界干擾也會繼續下去。我的專注從充氣孔移到籃框，沒有中斷，彷彿跟隨著一系列連續事件，最終總會導向籃框。

在比分接近的比賽中站上罰球線，你知道籃架後方的觀眾必會猛烈揮手吼叫，意圖讓你罰失。在開始程序之前，就該將這份認知歸檔，預先決定不被這些東西干擾。提醒自己：慣例會讓你進入一種自我催眠的狀態。讓觀眾吼叫吧，叫破喉嚨也沒用的，你的罰球還是會破網而入。

持續的挑戰

我指導過的球員回來告訴我：「只要聚焦與專注，我就能把球罰進。每次沒罰進，都是因為心思游移到別處。」要建立專心的力量——學會聚焦與專注——就必須帶著跟練習投籃動作同等的決心來努力。第一步就是了解，以下兩種場景所需要的，是完全不同的心理運作：在場上飛馳快攻，以及踏上罰球線準備罰進兩分助球隊獲勝。

讓我繞一圈回來為這一章做個總結。

精通投籃的動作機制之後，你必須做兩件事：第一就是選擇正面的整體觀點，擺脫負面思維，它只會拆你自己的台。第二是透過進入聚焦與專注的狀態來控制自己的想法。永遠不要讓心思飄移進入過去或未來，免得腦海中突然閃現某種會帶來干擾的畫面。倘若這種情況真的發生，就會讓你的身體緊繃，導致失手。反之，你要透過複誦咒語以及盯著充氣孔來讓心思停留在此時此地。啟動慣例，釋放肌肉記憶，讓身體接手，籃球自然會找到籃框。

讓聚焦與專注為你效勞，就像這套技巧一直以來為我效勞那樣。每當有人請我在籃球上簽名，我總是寫下我個人認為最能助人達成任務的這兩個詞彙：「聚焦與專注——湯姆・安柏利。」

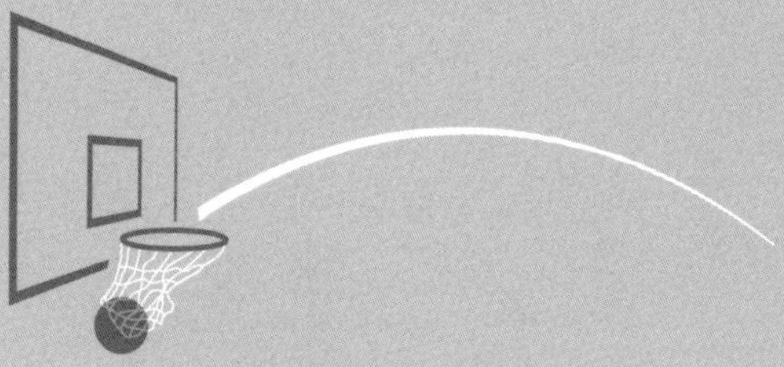

第五章

站上罰球線

投籃有四個con開頭的元素：
信心（confidence）、專注（concentration）、
控制（control）、調整（conditioining）。

——投籃教練厄尼・哈比(Ernie Hobbie)

我寫這本書的目的，與其說是要教你連續命中好幾百顆罰球，還不如說是要教你在需要的時候連續命中兩顆罰球。賽事上罰球的重點就在這裡。

坦白說吧，除了投籃的人本身之外，長時間連續命中罰球對所有人來說都很無聊。進行罰球診療課程的時候，我會示範連續罰進二十五球，讓大家知道我能做到。觀眾通常會興致高昂地看完前十球，後面就邊聊天邊看了。但是連續二十五顆球破網之後，他們相信我確實是這領域的行家。

罰球最令人興奮的時候，就是擺在比賽之中。籃球的比賽規則使得罰球本身自成一項完整的競技，也提供球員一個展現不同技巧的機會：專注、自律、控制。罰球能讓每一個球員——就算是整年坐冷板凳的替補——都有機會成為球隊不可或缺的一員。當你站在罰球線上，身高、力量與速度都無法帶來優勢。

我們在前面兩個章節裡探究了罰球的投籃動作以及心理層面的問題。現在我要將這兩個面向結合，看它們如何在實際比賽的情況當中交互作用。我們將會用慢動作觀察兩次罰球，希望你在閱讀的過程中盡量想像，就像身歷其境一樣。感覺它。體驗它。這樣一來，當你在賽場上面臨類似的狀況，就能把它看作一系列熟悉的連續動作。

處理憤怒

罰球過程的起點，往往是你正掙扎著要從地板上爬起來。你被對方控球後衛放倒，或是被大前鋒扯下。肢體碰撞（尤其是疼痛）會給你帶來憤怒以及報仇的慾望。最好在踏上罰球線之前處理好你的情緒。憤怒在罰球時不會給你任何好處。

我不是要教你怎麼打比賽。如果你想透過別的方式以牙還牙，請便。但當務之急是先把球罰進。投籃之前要怎麼清理腦袋？消除憤怒很難，延後憤怒比較容易。告訴自己：「等我先罰進兩球再來處理那個————（自行填空）。」然後，等你看了兩球破網而入，準備重拾怒火，就會發現先前的情緒已經消散。把球罰進，就是最爽的報復。

對於罰球來說，這是重要的一課，對於人生來說也是。如果試圖壓抑或消除情緒，情緒似乎只會變得更強。但在抓狂之前，可以試著緩一緩。小時候，大人教我在說氣話之前先數十秒。後來，我學會在拿起電話跟對方嗆聲之前先「睡一覺帶過」。在最初的憤怒感受與可能的報復行為中間置入一段冷靜時間，往往能讓炙熱的情緒冷卻，甚至消失。

好了，你已經——至少暫時——控制住自己的情緒。接下來呢？

做好準備

如果你在比賽的倒數階段被犯規，對方的教練很可能會喊暫停，這樣的用意是想讓你在踏上罰球線之前「手感冷掉」。就算對方沒喊暫停，在罰球之前依然會有一小段等待時間。對於即將罰球的球員來說，這就是危險的時候。就在這幾秒鐘裡，負面思想可能累積，壓力可能升高到足以影響你把一顆簡單的球投進的程度。

當你用琅琅上口的語彙來描述一個概念，例如說「手感冷掉」，這概念就容易殘留在你的心裡。若你知道敵隊想要讓你「手感冷掉」，腦袋裡留著這個念頭可能有害。所以，請把這個語彙做一些變化，逆轉敵隊的策略。告訴自己，你的血管裡有「冷水」流過——面對壓力的你極度冷靜，無論對手拖延多久都無法阻止你把球罰進。

一九五四年麥迪遜廣場花園的全明星賽，比賽結束的鳴笛聲響起的同時，喬治．麥肯（George Mikan）被犯規。如果接下來他兩罰都進，才能幫西區明星隊追平。這時東區明星隊還有兩次暫停，該隊總教練在罰球之前把這兩次暫停都用掉。整整過了五分鐘，麥肯才從裁判手上拿到球。他穩穩罰進第一球。接著，他退開幾步，深呼吸，然後把第二球投入籃網，將比賽逼入延長。在這個案例中，麥肯完美示範了如何克服敵隊的拖延，就算是極長的拖延也一樣。

拖延能否產生影響，取決於你。而你的責任，就是確保疑慮不會在這段時間之中蔓延。倘若負面思想入侵內心，不要拼命去壓抑，這樣通常穩輸無疑。反之，認知這個事實：無論什麼念頭穿過腦袋，你已經知道罰球時應該怎麼做。這就是七步驟慣例的價值所在。你清楚知道自己的身體——以及心理——必須怎麼做。要有信心，因為你擁有秘密武器。

用影像擺脫疑慮

如果你的腦裡開始播放籃球彈框而出的畫面，就必須在投籃前處理這些影像。思考過程有兩種運作方式。我們可以對自己說話，或是透過影像思考。這些影像對於未來表現的影響尤其強大。倘若負面影像在關鍵時刻入侵腦海，先緩一緩，讓腦中閃過一個肯定成功的影像，再展開你的慣例。

想像自己拿球站在罰球線上，投籃的同時，手臂伸長十五呎，直接把球輕輕放進籃框。我在前面說過，這是一位籃球教練兼運動心理學家教給我的影像。一開始運用這個技巧，我就注意到罰球線上焦慮指數立即下降。而這也會對你產生作用。用這個簡單的畫面取代那些負面的景象，將腦中所有的疑慮掃除乾淨。你現在會覺得把籃球放進籃框，就像用湯匙把甜點放進嘴裡一樣容易。

掌握概率

倘若上述這種想像法對你來說太怪異，還有一個策略可行：信任事實。如果你有定期練習罰球，可以回想自己平時的罰球命中率。也許你在練習時的罰球命中率能夠達到百分之九十。告訴自己這球有九成的機率會進。命中率百分之九十的罰球者，連續罰失兩球的機率只有百分之一。這是很有利的數據。讓這些數據帶給你一些幫助，提振心神。

最後，準備罰球的時候，有幾個實際的步驟可供使用：

訓練自己一被犯規就在心裡產生自信的想法。這些想法應該簡單、直截，而且實際，例如「我可以做到。」或是「沒問題，把球放進籃框就好。」至於一些驚慌的負面指令，例如「不准失手！」，則把它們從腦中排除。

慢慢走到罰球線，帶著有益於罰球的那種有意識、但是放鬆的節奏。氣喘吁吁的時候，這點尤其要緊。利用限時十秒的規則來讓自己回氣。

如果大汗淋漓，拿條毛巾把手擦乾。好的罰球需要好的手感。

做幾下深蹲來鬆弛雙腿。你需要雙腿的順暢推力來產生適當的距離。

專注於深沉而勻稱的呼吸，藉此降低緊張感。

待一切就緒再到罰球線就定位。太早站上罰球線會給自己多餘的壓力。站到線上，開始自己的慣例。

不要盯著籃框。你知道它在哪裡。況且，「眼望目標」是等一下才要執行的步驟。

焦點所在

裁判把球交到你手中，比賽的關鍵點就在眼前，群眾的鼓譟聲愈來愈瘋狂。周身的緊張感愈來愈濃厚。這就是你該進入心理慣例的時候。必須在內心找到可以讓你專注的靜謐角落。也在此時，你必須控制自己的焦點所在。

你以前練習的時候投入了多少時間，都會在這個時刻回報你。為了應付這種清況，你努力已久，而你也確切知道應該怎麼做。你將要向教練、球隊、觀眾，以及自己展現人格的深度。所有人將會知道你有著強大的心理素質。

不要看計分板、隊友或是對手。不要盯著籃框。輕輕旋轉籃球，直到充氣孔正對著自己。這麼做的同時，某件絕妙的事情將會隨之發生。充氣孔跟三次運球會觸發強力的聯想。你會想起自己在練習中做了無數次一模一樣的動作。而在練習的時候，籃球每一次都破網而入。

你突然覺得立足穩固，找到重心，回到熟悉的領地。你確切知道該做些什麼，之後又會發生些什麼。我們在此探討的東西其實就是所謂的肌肉記憶。你的腦袋跟身體說：「就做你曾經做過數千次的事情吧。」

第三次運球之後，拇指按在溝槽上，張大手掌把球穩穩拿住。這就是你每次罰球時的持球方式。這會讓前幾個步驟觸發的熟悉感繼續延伸。

拿球在手的時候，你的眼睛依然盯著充氣孔。現在，如同一道強烈光束，或是攝影機的鏡頭，你的目光直接從充氣孔移到籃框後緣上方的空間。在此同時，把球舉到下巴下方的預備投籃位置。現在，眼望目標。

容我在這裡暫時打斷這段精彩的敘述，先強調一件非常重要的事。許多球員會在這個時刻靜止。想當然爾，他們這樣做的用意是想要百分之一百確保這顆球會進。為了「確認」，他們特別多花一點時間緊盯目標。事實上，這樣做適得其反，因為會導致一種叫作「局部肌張力不全」（focal dystonia）的現象。

這個術語的意思是，盯著一個物體太久，影像反而會變得模糊。你仍然可以看到所見的東西，但是腦中的影像已經不再鮮明。你絕對不希望這種事發生在你的目標上。所以你要在籃框的影像初次閃現腦海之際就把球投出。

在這裡，另有一個重要的概念在運作。我多次提到要「繞過」腦袋的思考過程，意思就是不要給腦袋徵用理性特質的時間。

警察的手槍射擊訓練，包括讓標靶突然從眼前閃過。在這種情況下，他們不可能有時間好好舉起武器，沿著槍管瞄準，再扣下扳機。瞄準與射擊必須出自本能。把同樣的原則運用在這裡。比賽進行中，你本來就習慣不用盯著籃框出手。罰球時也這麼做吧。

影片繼續播放，看看剩下的罰球過程。眼望目標，把球舉到預備出手的位置，同時彎曲膝蓋。如同前述，膝蓋的彎曲啟動了慣例的最後一個步驟。自此，投籃動作如一道波浪順暢穿過身體。但我在這裡再次提醒一下這些動作包括什麼。

當你彎曲膝蓋，手肘要進入「投籃口袋」。隨著膝蓋打直，投籃手往前延伸，直指籃框。這兩個動作密不可分，超出意識的控制。所以不要試著控制它們。你能感覺到手臂往籃框伸去，彷彿要把手掌垂掛在籃框的前緣。你能隱約意識到手腕向下扣球，籃球旋轉著脫離指尖。

記住，你已經訓練自己不要去觀看在半空中飛行的籃球。反之，你的目光自在地停留在籃框上方的空間。幾分之一秒之後，籃球呼嘯著穿過了目標空間。破網而入的瞬間，你聽見觀眾的激動吼叫。

現在，你可能感覺到自己正要從深度的專注狀態中走出來。無妨，此時不需要專注。但幾秒之後就要了，因為你還有一罰。

第二顆罰球

假設第一罰進球，但並非絕對精準。也許撞到前框彈進，或是偏移了一點，在籃框上來回彈了幾下才掉進網裡。這不僅讓你的心漏跳一拍（同時為觀眾增加戲劇氛圍），也讓你知道下一球應該怎麼做。

永遠不要對自己說：「差點沒進耶！下一球用力點！」不要拿上一球跟下一球比。那一球已經是歷史，過去了。但你可以從中學習。

你要做的是，每一次都致力於絕對完美的進球，連框都沒碰的直接破網。準備第二罰的時候，重拾這個概念。這就是你的作風。

假如第一球碰到前框，提醒自己彎曲膝蓋。不是要把膝蓋彎曲得更深。正確地彎曲膝蓋就好。假如前一球偏左或偏右，提醒自己收緊手肘，讓投籃手直直伸向籃框。

做完這些調整，你投出第二球，穩穩命中靶心。

我的方法最有價值的地方就是：壓力愈大，愈能見效。練習的時候，沒罰進也不會怎樣，七步驟感覺起來很費事。然而，當你把球隊獲勝的希望以及整個球季的努力都賭在一顆罰球上，把七步驟做好做滿，基本上可以保證進球。

正向強化

順著剛才的場景，讓我們繼續接著想像，以便檢視罰球帶來的正面效果。兩罰俱中之后，你跟隊友們擊掌，然後跑回去防守。注意，罰球全進，代表不用擔心對方搶到籃板發動快攻反擊。你們可以抓住這個機會，穩穩佈好防守陣勢。

比賽繼續進行。想想對手的感覺。對手犯你規，而你回應犯規的方式，是把它變成你的兩分。他們還敢再犯你規嗎？也許吧。但他們很快就會發現這是一個錯誤的戰術。結果就是，他們為了怕你罰球得分，於是你在場上出手的時候他們不敢犯你規。換句話說，他們不得不放你在場上出手。

你現在抱持什麼心態？有信心嗎？那當然。你剛剛添了兩分到自己的名下。也許這兩分讓你得分上雙。但更重要的是，你讓自己、球隊、教練，以及觀眾知道，你的球技是全面的。想想看，這對自己以及未來的籃球生涯會有多大價值。把這個問題留在心裡，繼續往下閱讀關於罰球練習的章節。

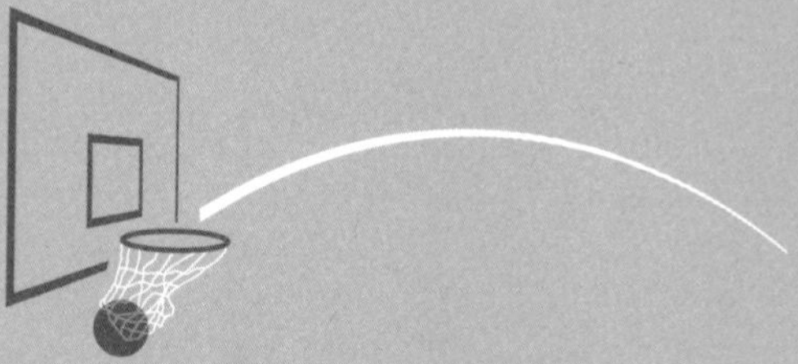

第六章

完美的練習

以華麗球風聞名的魔術強森其實深具職人精神。很少人知道，他在密西根州大讀大一的時候，罰球命中率只有百分之七十八點五，略高於平均。歷經多年努力，到了職業生涯的第十個球季，他的罰球命中率已經提升到百分之九十一點一。被問到秘訣，魔術的回答很簡單：「每天練投一百五十球。」

——《運動畫刊》

曾有人說「好的罰球是天生的，不是練出來的。」我完全不同意。事實上，我覺得這種話必定出自懶散的籃球員之口，只是在為自己慘不忍睹的罰球找藉口而已。

我相信你可以把自己訓練成一個優秀的罰球者。

傑出的球員比爾．夏曼（Bill Sharman）退休後成了一個絕佳的教練。他曾是史上最厲害的罰球者之一。在著作《夏曼教你投籃》（*Sharman on Basketball Shooting*）中他說：「在高中及大學前兩年，我自認罰球能力高於平均，直到就讀南加大的第三年，我才真的因為努力練習罰球達到完美而自豪。」依他自己的話，他的罰球能力只是「略高於平均」。南加大三年級那年，他打了十二場聯盟的比賽，沒有投失任何一顆罰球。縱觀職業生涯，夏曼創下許多罰球紀錄，包括五八到五九球季百分之九十三點二的平均罰球命中率，以及百分之八十八點三的生涯平均罰球命中率。

以夏曼為典範，若你自認罰球能力略高於平均，或只是達到平均，那麼想想：靠著練習你會得到多大的進步。

光是聽到練習這個詞彙，有些球員的心理就會自動產生抗拒。我知道很多球員會說練罰球很無聊。我想原因有二：

1. 多數球員不知道如何練習罰球。

2. 罰球的練習往往沒能帶來成果。

但是，如果我能向你保證，你的罰球練習會在短期內產生可量測的進步呢？假如你能在一週之內從罰一百中六十，進步到罰一百中九十呢？你還會覺得練習罰球無聊嗎？我想不會吧。再說，如果我能向你保證，這些練習的成果絕對會轉換成賽場上添得的分數呢？如此一來，你就會明白罰球的練習能帶來絕對的益處。看見進步將會激勵你繼續練習，甚至練得更勤。

無論什麼運動，沒有什麼感覺比知道自己正在進步更好了。所以你的練習必須建立在目標的設定與進步的測量之上。進步愈多，動力愈強。

你能夠期待多少進步？能夠多快運用我的罰球秘訣並帶來成果？我想你會訝異。事實上，如果你正在找尋提高場均得分的方法（誰不是呢？），多添分數的最佳地點就是罰球線上。

罰球成績紀錄卡

這個夏天，我在加州橘郡的鮑伯·哥特里布（Bob Gottlieb）籃球學院開設罰球診療課程。學生的年紀從十歲到二十五歲不等，我花十五分鐘對每一位球員進行一對一的個別指導。有些球員才正要開始打球，有些球員已經豐功偉業，例如其中一位高三球員就是大學球隊極力網羅的對象。我指導的所有球員罰球命中率都只有「平均」水平——大約百分之六十。我示範正確的罰球動作，再教他們如何聚焦與專注，最後請他們每天練投一百球。

一週之後，我回到學院，球員們竟然遞來有父母親簽章的「成績記錄卡」。我並沒有叫他們把練習的成績記錄下來。但他們依照我的建議，每天練投一百球，並且自發性地做了記錄。看到記錄卡上的成果，連我都被嚇到了。這更加強化了我的信念：只要正確執行，練習必能帶來進步。

第一週的成績

球員年齡	週一	週二	週三	週四	週五	週六	平均
16	88%	92%	91%	92%	94%	91%	91%
15	81%	83%	90%	92%	85%	n/a	86%
15	70%	63%	80%	80%	81%	n/a	74%
12	72%	65%	74%	75%	75%	74%	72%

你想，這些孩子會覺得練習罰球無聊嗎？不會，他們爽死了，他們承諾會持續練習，不斷進步。

肌肉記憶

練習就是嘗試新動作的時機。你可以透過練習，讓尚未完全精通的動作融入身體的節奏。換句話說，你會在練習的過程中對新的投籃動作漸漸感到自在。大部分的狀態下，練習的氣氛輕鬆，不會有負面後果。不過這樣有好有壞。比賽中的罰球之所以困難，就是因為隨著失手而來的懲處（失分、顏面等）。所以，你應該在練習中盡可能對自己施加壓力，以求模擬比賽的高壓狀況。我之後會教你怎麼做。對壓力的處理，是可以練習的。持續給自己挑戰，每一次的成功都會讓自己變得更強。

我真正想說的是，練習是建立肌肉記憶的最佳良方。「肌肉記憶」對於多數運動員來說都不陌生，這個詞彙到處被人掛在嘴上。但它真正的意義是什麼？肌肉記憶這種東西真的存在嗎？又要怎麼開發肌肉記憶呢？

我在足科醫療學院學到「戴維斯定律」，那是廣被接受的生理原則：只要一次又一次重複一個動作，為了執行這個動作，身體的肌肉會產生實質上的改變。這對罰球的人來說是一個好消息。

如同前面所述，罰球的時候，籃框永遠剛好在十五呎之外，離地剛好十呎高。籃球的重量永遠是相同的。所有因素都固定不變。如果戴維斯定律是真的，而你每天都有練投一百顆罰球，你就會真的擁有「肌肉記憶」。只要心理不被壓力影響，身體必能把球罰進。罰球的記憶會活在你的肌肉裡，也會活在你的腦袋裡。

練習真的能帶來完美？

既然要訓練肌肉記住怎麼罰球，練習時就必須把每個動作都做對。正因如此，我覺得「練習帶來完美」這句老生常談並不完全正確。你可以瘋狂練習，但如果你練習的方法有缺陷，就不會有任何進步。反之，你只是把有害的模式烙印得更深而已。所以，我更喜歡的說法是：完美的練習帶來完美。

每一次練習罰球，確保投籃動作的每一個細節都是完美的。若有需要，開始前可以先複習第二章的七步驟。然後，不要在身體冰冷的狀況下站上罰球線。先用短距離投籃熱身。從距離籃框三十公分、六十公分的近距離位置開始投籃，務必把第一球投進。接著退一步繼續投。不需要做滿七步驟，但要使用正確的投籃技巧——兩腳平行、收緊手肘、彎曲膝蓋、眼望目標。最後，退到罰球線，運用七步驟投籃。每一次罰球僅費時六秒，算上撿球的時間，很快就能達成練投一百球的目標。

每次失手，都自問是因為動作不良還是缺乏專注。如果還是找不出問題，參見第六章的疑難排解。

練習時面臨的挑戰，就是保持專注。沒有壓力反而更難專心，心思會游移（某程度上，是你容許心思飄走的）。所以做紀錄才會如此重要。

建立每日慣例

我每天練投五百顆罰球，如果因為旅行而跳過一次練習，隔天就會立即有所退步。於是，我漸漸接受這個事實：練習就像填一個漏水的桶子——一定要每天做才能避免生疏。

對於多數的高中與大學球員，我的建議是一天練投一百顆罰球。聽起來不切實際嗎？那我必須問你：你想要變得多強？任何想要精進罰球水平——以及整體球技——的球員都會願意花時間鍛鍊。別忘了魔術強森每天練投一百五十顆罰球。他在場上的球風華麗，但投注在罰球線上的練習時間從沒少過。

只要願意練習，並且全程保持專注，這些努力將會讓你在賽場上的罰球命中率達到百分之九十。如果想要更高，就必須每天練投更多球。

每天都在相同的時段與地點練習，能夠幫助你堅守慣例。如果你隸屬某支球隊，請提早抵達球場，在球隊練習之前練投罰球。如果情況不允許，那就在球隊練習之後留下來。你也能在家中車道的籃框或是附近的球場練投。但在室外投籃相對比較困難，而且到了冬天，氣候不一定允許你這麼做，要看你住在什麼地區。

數量記錄

罰球練習的一個關鍵面向就是把數量記錄下來。記錄練習數量能幫助你追蹤自身進步。看到自己進步，就會有動力去練得更勤奮，而且更專注。

剛開始的時候，以十球為一組，練投一百球。每投完十球，離開罰球線，寫下自己投十中幾。當然，你的目標是十球全中。然後，當你回到罰球線上，投入更多心力，設法罰進新一組的第一球。這樣一來，你的連續進球紀錄就開始了。

隨著進步，每一組十球的失手數愈來愈少，也許就不用把結果寫下來，只需要知道自己已經完成幾組就好。基於某種緣故，似乎比較容易忘記自己投了多少球。（我曾聽說，「進入狀態」跟非數學性的右腦大有關聯。所以也許忘記練投的數量，代表你的專注程度更高了。）

可以嘗試用這個方法來記住自己完成幾組：如果穿著有口袋的短褲或熱身長褲，在右邊口袋放十枚硬幣。每投十球，就把一枚硬幣移到左邊口袋。當所有硬幣都被拿到左邊口袋時，代表你已經完成一百球的訓練。

一旦投十中十已成常態（相信我，終究會的），改為一組二十球，然後進階到一組二十五球。等你達到投二十五中二十五的水平，就已經踏入非常菁英的族群。下一個目標是投五十中五十，然後是投一百中一百。

罰球筆記本是分解程序的良方，也許還能藉此發現一些原本沒能察覺的趨勢。舉例來說，我發現自己投籃狀況最好的日子通常是星期一。以前我對生物節律嗤之以鼻，但也許它真的有些道理。這本筆記本就像是你跟自己簽訂的合約。上面記著你的表現，也證明你對進步的投入。

指導罰球

我跟很多籃球教練聊過，知道球員的罰球表現讓他們感到多大挫折。可以說我還沒遇過自認球隊的罰球沒有進步空間的教練。每個教練似乎都能信手捻來某個例子，說罰球沒進害他們輸掉比賽，甚至失掉冠軍。然而，別忘了連知名教練傑瑞．塔爾卡尼楊都曾經承認：「沒幾個教練真的知道如何指導罰球。」

我的建議是，教練們應該先徹底熟悉我的罰球之道，再將此道教授給球員。也就是說，用這種方法投籃，投到自己相信它有用為止。對於自己傳授的東西，必須深信不疑。你的興奮與信心將會從很多小地方感染球員，而你的信念來自第一手的親身體驗。教練工作的很大部分是傳達一種感覺。若非親身經歷，如何傳達這份感覺？

一對一指導的時候，教練訓練有素的雙眼能為正在努力精進技巧的球員提供寶貴的意見。也許某個球員以為自己有把手肘收緊，但站在後方的你卻能清楚看到他的手肘仍在風中搖晃。教練除了努力調整球員的動作之外，也要致力於身教。用正面的方式激勵球員，讓他們知道你對他們的技術有信心。在此同時，也必須要求他們全心投入於改變與進步。

記住，球員只能一次學一點東西，一次灌太多東西給他們，就會讓他們感到迷惘。每個球員都有引以自豪的個人風格，教練可以指出，你不會要求他們改變這些風格——除了在罰球線上之外。然後，傳授我的罰球之道時，先強化主要重點：雙腳平行，彎曲膝蓋，以及收緊手肘。不要馬上要求球員把所有步驟都做到完美無瑕。

系統性的方法

改變罰球方式的一大問題，就是球員的舊習慣會在壓力之下故態復萌。因為面臨巨大壓力的時候，球員會尋求熟悉的東西——就算這些東西以往並未帶來成功。身為一個教練，你能做的就是設計並且執行一套可以永久改善球隊罰球的訓練菜單。如果你在球季開始之前讀到這本書，正好可以為球員的罰球方式做出根本上的調整。等到球季開打，他們對於新的罰球方式已有足夠信心，就算在壓力之下也能自在執行。

如果是在球季中間讀到這本書，也許只能挑幾個罰球命中率最低的球員出來改造。令人難過的事實是，某些最優秀的球員，卻也是罰球命中率最低落的人。有些在各方面都表現卓越的球員，於比分接近的球賽倒數階段被送上罰球線，馬上淪為球隊的負擔。

隊上有些球員可能本身就是很優秀的罰球者。設定一個區隔點也許會有幫助：只要罰球命中率到達一個程度，假設說百分之八十好了，你就不會要求他們改變罰球方式。而罰球命中率低於百分之六十的球員，就必須採用七步驟。

教練面對的一個問題是，體育館可能只有兩個或四個籃框，而全隊有十四個球員，甚至更多。因此，教練必須要求球員拿自己的時間練罰球，或在球隊練習之前或之後安排罰球練習。我會在本章後面推薦幾套適合全隊參與的訓練內容。

教練也會覺得沒有多餘的時間練罰球，畢竟球賽有太多面向需要準備。不只如此，光是提到罰球練習，就可能讓全隊發出埋怨的哀號。因此教練可以告訴球員：罰球是球隊得分體系之中不可或缺的部分。同時補充：練習罰球也會增進三分線外的準度。這樣就可以立馬提升球員的興致。

練球的過程中，教練應該暫停練習賽，把全隊帶到罰球線上練投。這在全體球員都感到疲憊的練習尾聲尤其重要。盡可能在罰球的球員身上施加壓力。確保全隊都盯著罰球者看。跟他們解釋這是在模擬比賽的情況。如果能在練習中學會處理壓力，球員的自信就會提升。他們終將學會如何在賽場上成功對抗壓力。

做一張成績圖表，貼在所有球員都看得見的地方。分別提供獎勵給個人練習、團隊練習，以及實際比賽中罰球命中率最高的球員。也可以另外為連續投進最多球的球員提供獎賞。如此一來，許多球員身上都會掛有獎章。用不同的目標與誘因來激勵球員。

能讓教練造就巨大影響的另一個面向就是打造以罰球為傲的心理氛圍。就算戰績不理想，也不要以貶低的方式嘲諷球員。激勵球員把自己看成一個絕佳的罰球者——或至少把球隊看作努力提升罰球命中率的團隊。球員應該在鼓勵之下自認能夠挺住壓力。倘若可以激勵他們進步，提升他們的自信，球員的表現將會遠遠超乎你的想像。而這足以將原本是敗多勝少的球季，變為成果豐碩的一年。

技術訓練

激勵球員提升罰球的最佳法門之一就是為每個球員指派一個罰球夥伴。一個強的罰球者搭配一個弱的罰球者，這樣更能彼此激勵。然後，在練習尾聲，當每個人都疲憊不堪，只想趕快去沖澡的時候，請這些罰球小隊在每個籃框依序排好，彼此較勁。每個球員輪流站上罰球線投兩球。最快罰進三十球的小隊可以離開。落敗的小隊留下來繼續比拚，最快罰進二十球的小隊可以離開。很快場上就會只剩兩個小隊。

這種訓練之所以能夠奏效，原因很多。給予球員壓力的同時，也模擬比賽的狀況：球員會因為隊友表現不好而受罰。而且，當教練獎勵表現最好的球員，懲罰表現最差的球員，每次都落敗的球員很可能會投入多餘的時間練習，以求進步。

這項訓練的也可用這種方式進行：在激烈的練習賽之後，叫所有球員分散到不同的籃框下。每個球員站上罰球線投到沒進為止，其他球員必須負責撿籃板。

這項訓練可以鼓勵球員罰進每一球，原因有二：首先，多數運動員都喜歡站在聚光燈之下，愈久愈好。這項訓練給了他們這個機會——只要不失手，所以人的目光都會停留在你身上。再者，球員感到疲憊的時候，會寧願留在罰球線上投籃，也不要在旁邊負責撿籃板。

罰球排行榜也是引起球員興趣，激勵他們多花時間練罰球的好方法。有些在比賽中毫無作為的球員，有機會在此拿出優異表現，甚至超越球技更強的球員。把排行榜貼在更衣室顯眼之處或是教練辦公室，並且讓球員可以挑戰榜上排名較高的對手。你甚至可以每週舉辦一次罰球對決，並且公告勝負結果。

南伊利諾大學男籃助理教練朗・哈林（Ron Herrin）根據連續罰進的球數來贈予球員T恤。連續罰進二十五球的球員能得到印著「25俱樂部」的T恤，連續罰進五十球的球員能得到印著「50俱樂部」的T恤，而連續連續罰進一百球的球員則可以得到印著「百球俱樂部」的Polo衫。我認為這個方法，可以讓球員精進罰球技巧，並且以自己的罰球成就為傲。

如果你跟球隊是真心想要在罰球線上進步，就應該在每次練球都執行一項罰球相關訓練。在上述的訓練方式中做些變化，或是研發自己的練法。但最重要的是，讓球員習慣罰球是球賽的重要部分，而身為教練的你會協助他們在這方面改善精進。

最後，我認為鼓勵球員設下個人的罰球目標是一個絕佳想法。請他們分別設定個人期望在練習中以及比賽中達到的罰球命中率（一般認為比賽時的罰球命中率會比練習時低百分之五左右，主要是因為球員面臨的壓力不同）。設定目標的同時，球員也必須擬定為了達到目標而打算執行的每日練習量。我會在後面的章節更為詳細地探討目標設定。

然而，還有一個你可以考慮的目標——能為球隊贏得極高讚譽的目標。很少有球隊能夠在一整場比賽中投進所有罰球。如果每個球員都能個別提升罰球命中率，整支球隊就更有機會達成這個珍稀的成就。

在腦中練投

沒辦法到球場練投，就沒辦法提升罰球。沒錯吧？錯了。光是在腦中想像罰球，就能提升你的場上表現。

西班牙瓦倫西亞大學的神經學家阿瓦羅．巴斯卡爾里昂（Alvaro Pascual-Leone）在一份絕妙的研究報告中驗證了「心理練習」的益處。巴斯卡爾里昂博士想要研究人類如何學習並且練習體育動作。他用罰球來證明自己的觀點。

巴斯卡爾里昂博士將自願者分為三組，一組十人。這些受測對象是「一般人」，不是籃球選手。

第一組沒有觸碰到籃球。他們唯一的活動就是在腦海中想像把罰球投進，每天執行一小時。第二組不做任何想像練習。反之，他們做大部分籃球員做的事——練習罰球。同樣是每天一小時。第三組結合前兩組的活動：每天實際練投四十五分鐘，想像練投十五分鐘。

五天之後，召集三組人馬，每個人罰二十球。只做想像練習的第一組罰進最少。相較之下，只做實際練習的第二組多罰進很多球。然而，罰進球數最多的是同時進行實際與想像練習的第三組。

「任何能透過實際練習進步的事情，都可能在想像練習中獲益。」巴斯卡爾里昂博士表示：「這是很重要的，因為並非隨時隨地都可以進行實際練習。如果一個受傷的運動員能在傷癒期間進行想像練習，或許可以避免一些技巧的流失。」

基本上，巴斯卡爾里昂博士的意思是說：當我們生動想像一個行為，則同時間身體就會以為自己真的在做那個動作。

你是否曾經在半夢半醒之間想像練球的情景，突然看見一顆球朝你飛來？此時，你會怎麼做？你會閃躲。就在床上。因為你以為那顆球是真的。

如果你在腦中創造一個情景，在比分接近的比賽倒數階段站上罰球線，你的身體會以為那是真的。你會感到緊張，你的肌肉會緊繃。但在想像的情景之中，你能百分之百掌握罰球的結果。

每天上床睡覺之前，或在大比賽之前，花點時間罰進幾球——在你的腦海中。想像自己感覺緊張，但是保持掌控力。然後在心中彩排七步驟，將球投出，然後每一次、每一次、每一次都要看著球破網而入。如此一來，到了比賽的關鍵時刻，你已經知道結果。

完美的結尾

關於罰球訓練，我再提供最後一個建議。如果可以的話，絕對不要在失手時結束練習。確保每次練習的最後一罰都是完美的空心入網。投到一切都對為止——順暢的隨球動作、美妙的弧線、破網而入的聲響——然後拿起籃球回家。最後一球會烙印在你的記憶之中，給你一個可以時時回味的正面影像。在下一次上場練習或比賽之前，讓這顆完美罰球的回憶活在你的身體與心靈之中。

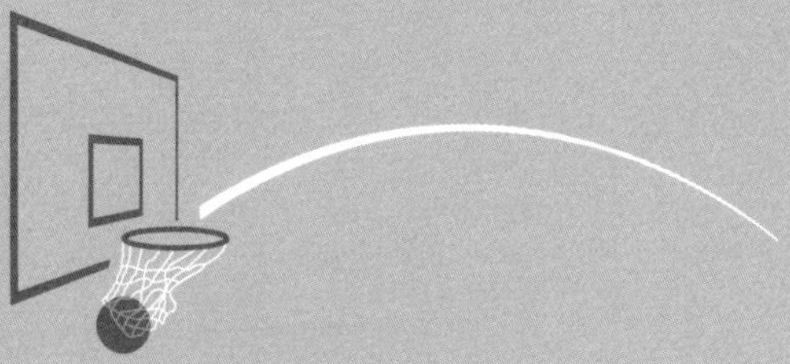

第七章

疑難排解

剛剛結束一百碼衝刺，就必須馬上坐在鋼琴前彈奏六小節某個偉大作曲家所寫的協奏曲。

——康乃狄克大學教練吉姆・卡爾霍恩（Jim Calhoun）談罰球

一九九五年NBA西區決賽，湖人對馬刺，83比83平手，距離比賽終了還有四點六秒。湖人隊的費拉德‧迪瓦茲（Vlade Divac）站上罰球線。他有兩次機會為球隊取勝。這是他生涯中最重要的兩罰。

第一球投短，打到籃框前緣，沒進。

迪瓦茲準備投出第二球的同時，兩隊板凳席的球員與阿拉摩圓頂球場（Alamodome）裡的兩萬六千一百二十七名觀眾都站起來了。籃球在空中畫出一道弧線，打到籃框後緣，彈了出來。

第一球太短——第二球太長。這是壓力之下罰球者試圖疑難排解的最常見錯誤。顯然，這代表投籃者矯枉過正。

這樣說來，難道在第一次罰失之後，不必要做出任何改變嗎？不是的。最糟的狀況就是兩球都投太短。但是，千萬不要用過去的失手當作參照，以求未來的成功。

比賽中，重點不在於「調整」。調整往往代表要求身體做出過激的改變。你會過分強調投籃過程中的某個特定部分。前面的那球很可能只因為非常小的誤差而沒進。你應該在心裡回歸練習時投進無數次的完美罰球，讓練習時的完美罰球變成一個提醒或是心理註記，一旦置入腦海，就能與第二球的出手動作順暢融合。

你很清楚何謂完美的罰球，你在練習時投進了數千次。現在，回歸到腦袋中那個完美的罰球。倘若在投籃的同時心想「把這球投遠一點」或是「把這球投近一點」，你的調整很可能會過頭。

所以，兩次罰球之間到底應該做些什麼？我們先來探討一些常見的罰球問題，再來解答這個重要的疑問。

預期 vs. 結果

進行罰球診療課程，把七步驟教給球員的時候，我經常會立即見證到巨大的進步。這令我感到訝異，因為七個步驟之中，球員可能只把五個步驟做對。他們可能只運了兩次球，而非三次。也許他們的手肘仍然向外突出，或者雙腳沒有平行站好。儘管如此，球還是能夠找到籃框。

我推估七步驟中的每一個步驟都能帶來百分之十四的改善。若能完美執行七步驟，規律練習，並且擁有強大的心理素質，就能讓罰球命中率達到百分之一百。然而，如果忘了一個步驟，命中率就會下滑至百分之八十六。忘記兩個，就跌至百分之七十二。倘若心思游移到他處，一切就會分崩瓦解。

如果練罰球只是為了提升命中率，百分之八十似乎已經夠好。然而，不要忘了重點。作為一個籃球員，總有一天會遇上本章開頭費拉德．迪瓦茲遇上的狀況——**絕對、必定，非把球罰進不可**。就是因為這樣，你才會正在閱讀這本書。也是因為這樣，你要每天練投一百顆罰球。

據說一九七〇年代的共產蘇聯籃球隊，基本上就讓罰球變成生死攸關的事情。當某位蘇聯球員站上罰球線，所有隊友都退回球場的另一端。訊息很清楚：沒有搶籃板的必要，因為球一定會進！如果沒進，那個球員會消失在西伯利亞。你覺得這會增加球員的動力嗎？我想一定會吧。

偉大的高球選手班．霍根（Ben Hogan）也執行這種「做不到就去死」的概念。他曾說過專注於推桿的時候「就像有人拿槍抵著頭」。

我並不是真的要提倡蘇聯或霍根的作法，但罰球確實該被認真看待。不要把百分之八十的罰球命中率當作目標。你的目標應該是每球都罰進。

因偏左或偏右而失手

沒進的時候，你當然想要知道原因。若能知道為何沒進，就能做出修正。對吧？不過這套邏輯的問題在於，你可能把每個步驟都做對了，但是你的心不在上面，所以還是失手。反觀，你可能姿勢不佳，但手感剛好，結果球還是能找到籃框。儘管如此，分析還是不可免的。讓我們開始吧。

首先，找出偏移的方向。沒進的球是偏左還是偏右？這很可能是對準方面出了問題。確保雙腳平行站好，兩肩就會自然平行。

雙腳平行站定之後，接下來要確保的就是在開始投籃動作之前把手肘收緊。不要長時間維持這種不自然的姿勢。在膝蓋彎曲的同時快速收緊即可。於是，投籃的最初推力就會剛好對準——或至少接近——直指目標的中心線。

我相望你能在練習中體驗把前臂放進「投籃口袋」的感覺。這個感覺會給我極大的自信，因為我知道，每當我的手臂從投籃口袋伸出，自然地往籃框後方的中央延伸，手上所拿的那顆籃球必定會命中靶心。這個動作簡化了投籃過程，也除去了「瞄準」的壓力。收緊手肘太重要了，我有時候會叫球員用投籃手的手肘摩擦腰部上方。這樣一來，你就知道出手的預備位置是正確的。

要對自己的罰球進行疑難排解，有一個困難之處。你可能感覺自己正在做某個動作，實際做出來的動作卻有頗大差別。為了避免這種情況，可以在練習罰球的時候，請一個隊友站在身後注意你的手肘。

更好的做法是，錄下自己的罰球影像。如果命中率很高，信心滿滿，仔細觀看影像。將這些畫面深深埋進潛意識，成為未來心思依循的範本。

因過短或過長而失手

投得太短嗎？這很容易在比賽中發生，因為球員在壓力之下會變得猶豫，投球之際膝蓋不夠彎曲。在罰球的關鍵時刻，我會在開始執行七步驟慣例之前，先提醒自己要特別注意膝蓋彎曲的程度。原因如下：

如前面所述，罰球時有一系列彼此相互關聯的動作，而這一系列動作，是由雙腿來啟動的。先是腿，再來是手臂，最後才是手腕。如果雙腿一開始就能提供恰到好處的推力，身體會察覺，手臂就可以執行它的主要任務：給予籃球精準的方向。於是籃球就會帶著足夠的後旋，在空中劃出美妙的弧線。

雙腿的彎曲若是不夠，其它的動作就會試圖補償這份力量的缺乏。於是，球被推出去，飛行的速度太快，弧度太低，後旋也太少。運氣好的話，還是能進。但若是打到框，掉進網的機率就不大了。

良好的膝蓋彎曲程度，雖然可以增進弧線，但你的腦袋裡還是要有一個概念，知道自己想要的弧線。你的理想弧線，來自於你如何想像投籃動作。前面提過，你應該想像籃球穿過籃框正上方的空間，往下進網。或者套用老牌球員瑞克・貝瑞（Rick Barry）的話：「往籃框上面投射。」不用修正動作，光是這樣想，就能自動將弧度拉高。

練習的時候，專注於從腿部開始投籃動作的感覺。想像一切由下半身啟動，而手臂與肩膀只是對進行中的程序做出回應。當雙腿恰當運作，你會感覺手臂根本不用出力就能自動做出完美的瞄準。

培養手感

罰球線上的自信與罰球手感直接相關。但在比賽中保有手感並不容易，因為現場的壓力很大，加上球員容易缺乏專注。練習時的手感愈好，比賽時的表現愈佳。隨著成功次數累積，更強大的自信隨之而生，而這份自信又會進一步為你建立更好的手感。

在此提供一個增進指尖控制力的竅門。找出一對舊的高爾夫球手套或工人手套，把包覆手指頭的部分剪掉，讓指尖露出來。現在，罰球的時候，把注意力放在籃球從指尖滾動而出的感覺。閉上眼睛投幾球，這份感覺會被放大，因為指尖成為你唯一得到反饋的媒介。看不見的狀況下，唯有透過指尖的感覺，才能知道球往何方飛去。

隨著手感進化，你的出手會變得從容而流暢。球場上的壓力會讓你在手腕扣球之前，就提早中斷投籃程序，因此籃球無法得到恰當的後旋。在罰球線上愈放鬆，準確度與控制度就愈高。練習的時候，試著維持隨球動作的姿勢，直到籃球破網。在練習時誇大這個動作，能夠確保你在比賽中不會提早中斷投籃過程。

另一個罰球的疑難排解之法，就是觀察籃球碰框之後的移動方向。如果籃球打到籃框，然後直直朝你飛回來，就代表弧線太低。這也可能代表你沒有給予籃球恰當的後旋。確保手腕做出扣球動作，再看看這些球是否開始落入籃框。試著培養出射手的手感。

比賽中的疑難排解

你可能會遇到需要在比賽進行中調整罰球動作的狀況。假如兩罰中的第一罰失手，這會對你的第二罰施加無巨大無比的壓力，因為你的心理馬上開始預見兩罰都落空的前景。這時候你就需要強健的心理素質來幫助自己把第二球穩穩罰進。

首先，讓「比賽中絕不連續罰失兩球」變成自己的原則。為什麼呢？如果你在練習時的罰球命中率高達百分之九十，告訴自己：兩次罰球的進球機率都是九成，所以連續兩罰沒進的機率只有百分之一。機率壓倒性地對你有利。

動作調整的部分呢？舉例來說，若是第一球投太短呢？

千萬不要對自己說：「我必須把這球投遠一點。」不要把上一球的失誤作為參照，希望能求取下一球的成功。這很可能讓你矯枉過正，結果把球投得太遠。反之，提醒自己做出恰到好處的膝蓋彎曲。務必把緊繃的感覺從腿上甩開，確保投籃的力量順暢地「從地板向上發動」。

倘若第一球投歪，確認自己對準籃框的姿態。記得收緊手肘。眼望目標，不要追著飛行中的籃球看。

倘若第一球投得太遠，在腦海中複習完美罰球的畫面：美妙的弧線，恰當的後旋。放鬆身體，用隨球動作把球輕柔放進籃框。

心理層面的疑難排解

處理完罰球失手的生理層面，接著來看看自己的內在，不讓心理成為關鍵時刻的絆腳石。不要讓負面思緒在第一罰與第二罰之間累積。如果第一罰沒進，讓它消失在過去。把它從記憶與腦袋裡移除。過去了。結束了。不會變了。現在要做的，是把目光放在下一顆罰球。

「要是兩罰都沒進怎麼辦？」當這種負面想法在意識裡閃現，不要試圖壓抑它。反之，取代它。用一種更令人安心的語氣跟自己對話。告訴自己：「只要把每個步驟做好，球就會進。」讓專注力集中到一個細膩而清晰的焦點上。不要轉頭環顧球場。不要抬頭望向觀眾或是記分板。還有，在準備好投籃之前，不要盯著籃框。

消除負面思想的同時，深呼吸，開始覆誦你的咒語：雙腳平行站好。充氣孔朝上，運球三次。拇指按在溝槽上。收緊手肘。彎曲膝蓋。眼望目標。出手並作出隨球動作。讓這些一直以來很有用的熟悉語句在此時也發揮效用。

迪瓦茲的復仇

在本章的一開始，我描述了一個負面的罰球場景，接著我想要以一個正面的情景來做結尾。縱然迪瓦茲為了在季後賽兩罰沒進而悲痛欲絕，但他努力鍛鍊罰球，期待有朝一日找到機會證明自己。機會在一九九六年的一月九日到來。湖人隊與明尼蘇達灰狼隊激戰。比賽時間僅剩十二點二秒，迪瓦茲兩罰俱中，幫助湖人隊以106比104拿下勝利。三天後的另一場比賽，他全場十五罰十二中，其中包括倒數三十八秒的致勝分。

《洛杉磯時報》引述迪瓦茲的話：「現在，每次上場我都感覺很棒。我覺得自己很強，沒人可以擋住我。我要殺入禁區，逼迫對手犯規。等他們把我送上罰球線，我會把球罰進。」

迪瓦茲理解了每個優秀球員終將理解的事情：每一場比賽的每一顆罰球都是證明自己是個贏家的機會。

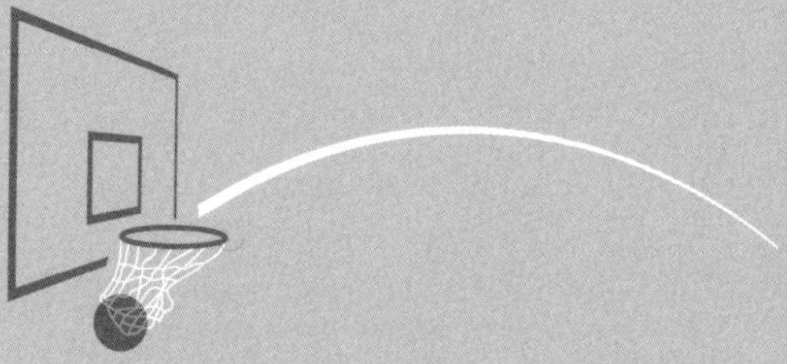

第八章

為了進步設定目標

何不讓自己成爲罰球命中率至少七成的球員呢？
什麼運動還能讓你這樣刷得分數據？

——邁阿密熱火隊球探克里斯・華勒斯（Chris Wallace）

你認為自己能不能在下一個球季達到百分之九十五的平均罰球命中率？你是不是覺得這個問題很可笑，心想：「不可能。」好吧，那百分之九十的平均罰球命中率呢？還是太高嗎，那百分之八十五呢？不然百分之八十？百分之七十五？

你已經覺得「嗯……也許可以」了嗎？若是如此，那就是你的第一個目標所在。你應該把第一個目標設在能力範圍的邊界：它在可能的範疇之內，卻又有點高，高到足以讓達成目標的念頭對你產生激勵。你的目標應該讓自己感到亢奮，因為一旦設下，就有絕佳的機會可以達成。

如果可以設定高標並且達成，為什麼沒有更多球員這麼做呢？因為恐懼。目標代表著脫離舒適圈。目標違背了以下這種看似溫暖的勸告：「不要還不會爬就想要飛。」目標違背了同儕的提問：「你以為自己很特別嗎？」目標違背了父母親為了限制孩子所說的話語：「期待愈高，失望愈大。」我的信念是，寧願瞄準高處然後跌落失望，也不要在戰鬥開始之前就安於平庸。

設定目標的難處在於，我們在評估自身的才能時總是過於保守。讓我舉一個例子。

比較是致命的

打大學籃球的時候，每次大賽上場之前，我的隊友們第一個反應就是觀察敵隊的球員。「他們超大隻的！」他們交頭接耳討論著：「你看那個人，超猛的！」

我的隊友們自發地誇大了對手的能力——同時貶低了自己。很快地，我們成了一支由十五個焦慮男性組成的隊伍。諷刺的是，另一隊也做著相同的事！

作為一個運動員，終其一生你都應該用最好的眼光看待自身的才能。總是逼自己觸碰能力的界線，要養成這樣的習慣。以自己的成就為傲，並且對失望處之泰然。

最重要的是，不要拿自己跟競爭對手比較。一旦你和他比，你最好的表現就只有「足以擊敗對手」而已。反之，深深挖掘自己，找到未經使用的才能以及庫存的能量。了解自己到底有多強的最佳方法就是設定目標。

年輕人往往把設定目標看作義務，一種父母親、老師或教練會要求，但卻與現實無關的東西。但容我倚老賣老，我過的日子很可能比你長得多，而我見證過目標帶來近乎神奇的成果。設立目標，就會創造奇蹟。

身為籃球員的你可能要設定三個目標。兩個目標涉及平均得分，餘下的一個涉及人格特質，例如領袖魅力或是激勵隊友的能力。但若你未曾運用目標，何不以罰球相關的目標開始？為練習時的平均命中率設定一個目標，再為比賽時的平均命中率設定另一個目標。（一般認為，練習時的平均命中率大約會比賽場上高出百分之五。）一旦發現目標對你的罰球表現多麼大的幫助，往後就不需要逼自己設定目標，你會自然而然這麼做。

追熱導彈

我曾聽人把目標描述為熱追蹤導彈。我認為這個生動的比喻非常貼切。它彷彿有自己的意識一般，會追尋並且找到標靶。一旦知道瞄準何處，你的潛意識就會挾著無可動搖的決心「鎖定」標的，完成任務之前決不罷休。

目標的美妙之處在於，無論練習、比賽，甚至睡夢之中都能發揮效果。因為設定目標就像在廣闊的潛意識之海投下一個強大的念頭。潛意識是心靈最巨大的區塊，但我們對其僅有部分的控制權。在潛意識裡，目標會以一百萬種微小的方式生根、成長、體現。你真正做到的是提振自我形象，你相信自己有能力端出更高水平的表現。

我的第一個目標

前面說過，我挑選罰球來當成退休後的嗜好。當然，我希望看見自己的進步。我的第一個目標是連續罰進十球。很快就達成了。下一道壁壘——連續罰進二十五球——多花了我很多時間。我努力了好幾個月才成功。接著，我把目光放在連進五十球，然後是連進一百球。

每次設定新的目標，我都知道，我在某種程度上為自己創造了一個新的障礙。試圖連續罰進十球的時候，第十球格外困難，因為不進的話就功虧一簣了。之後，試圖連續罰進二十五球的時候，第十球變得不算什麼，但第二十五球就困難了。我必須提醒自己：**這些數字代表的障礙只存在心裡**。所以我知道自己也能在心裡克服它們。我很快發現，隨著目標愈來愈高，過去的障礙很快就被遺忘，新的障礙會浮現。

每當面對障礙，我必須提醒自己：**每一次罰球都一模一樣**，無論是第一球、第九球，或是第二十五球。每一次罰球都一模一樣，無論是在空無一人的球場，還是在數千名喝采的觀眾眼前。所以我拒絕讓這些障礙在心裡生根。我終於明白，克服障礙會讓障礙逐漸消滅，最後無影無蹤。

當我的平均命中率逐步攀升，連續進球的紀錄不斷延長，我知道自己需要一個新的目標——而且不能只是提高數字而已。某天，我在收音機裡聽到，全美有九百萬個跟我同齡的人。我記得當時心想：「我想要成為七十二歲的人之中的罰球前十強。」那就是設定終極目標——打破世界紀錄——的第一步。光是對自己承認說想要達到這種程度的目標，就有點令人害怕。我必須撇開一切世俗認知，因為人們會說我太老了，太虛弱了，不可能擁有如此長時間專注的耐力。

破紀錄之後，我知道自己打破了一道壁壘，不只是為我自己，也為所有年齡層的人。記不得有多少次，高中球員跟我說：「如果你這個年紀都能做到，我也一定可以。」只要有一個人拿出超高水準的表現打破紀錄，身邊的人也一起得到信心。

回顧以前的目標，以及為了達到目標而經歷的掙扎，不免覺得好笑，因為我現在的水平已經超出那些目標太多。然而，那些目標對我的進步都是很重要的。倘若一開始就把目標設得太高，也許會因為挫折而放棄。那些短程的目標如同一級一級的階梯，我踩著它們，一步一步攀向新的高度。

任何形態的成功

目標有一個很棒的奇特之處：它們總會成就某些好事，但不見得是在設定目標時心裡所預想的。

我個人的故事就是絕佳例證。青少年時期的我想要成為籃球明星。朝著這個目標前進的同時，二次大戰剛好爆發。我作為運動員最精華的時光都耗費在美國海軍的軍艦上，距離最近的籃球場數千英里遠。但這個目標未曾真正消失。就算我當年成為美國三百位職業球員之一，也不可能得到現年七十三歲的我因為罰球而得到的名氣。不僅如此，罰球也讓我在退休生活中保持健康。

設定目標的時候，記住這一點。你無法控制未來的每一個細節。設下特定的目標，看看這些目標會以何種型態帶來驚喜。重點是：設定目標總會帶來好事，縱使不一定是你當初認為自己想要的。

天空原則

當你思考自己要以多高的罰球命中率為目標，讓我再一次問你本章開頭提出的問題：你有能力拿出多高水準的表現？我不是問你曾經有過多好的表現。或者你能僥倖達到多高的水平。我問的是，在狀況最好的時候，你能做到什麼程度？花點時間對這個問題深思熟慮。我敢保證，你的回答一定過低。多數人會大大低估自己的能力，這是一個令人難過的事實。我曾聽過設定目標的專家提出這樣的建議：先對自己的能力做出實際評估，然後往上多加百分之十。

設定目標的時候，運用「天空原則」。我想，這個在商場被廣泛運用的原則也適用於體育。首先，想像在一個毫無阻礙的理想世界裡，你會想要達成什麼樣的成就。不要顧及自身的侷限——大膽設想就對了！從天空中把夢想抓下來。

現在你知道自己真心想要什麼。往前回推。從這裡到夢想的彼處，需要哪些步驟？還有，需要設定那些目標？

跟自己訂一份合約

困難的部分來了。我要你把目標寫在一張三乘五的小卡上，包括達成目標預計花費的時間。若在球季之初，為那個球季設定目標。若在休季期間，就設定一個在球隊開始練習之前要達成的目標。

罰球的目標很有價值，因為確切而且易於測量。的確，罰球只是籃球員整體表現的一個面向。但那是一個很重要的面向。改善你的罰球，整體籃球實力的水平也會隨之提升。

寫下目標之後，簽上自己的名字。然後把這張小卡放在一個可以定期看見的地方。時時刻刻提醒自己目標何在。你甚至應該想像已經達成目標之後的自己回顧這張小卡的景象。想像這些成就帶來的榮耀感。

在這本書前半段，我曾提出一個概念，現在我想要再說一次，因為那正好是設定目標的重點：「限制我們的並非自身的能力，而是自己的信念。」倘若你相信自己是個平庸的球員，你就會擁有平庸的身手。相信自己是冠軍等級的球員，你終將成為一個冠軍。把目標設高，讓它們把你往上拉，帶你到你真正想去的地方。

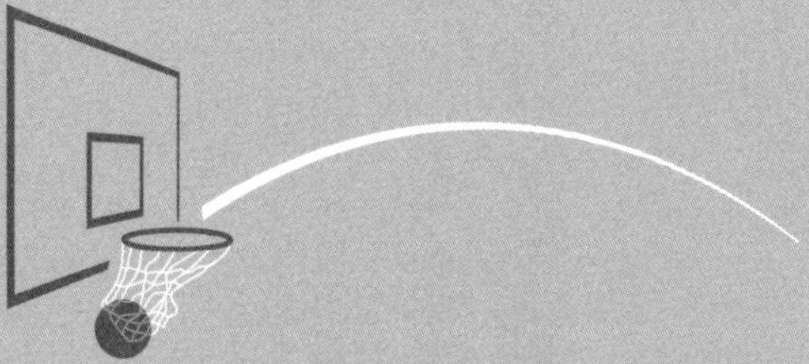

第九章

問題與解答

大衛．萊特曼：你花了多少時間（創下連續罰球進球的世界紀錄）？

安柏利醫生：十二小時。

大衛．萊特曼：最後爲什麼停下來呢？

安柏利醫生：體育館要關門了。

無論去到何處，人們總會問我關於罰球技巧以及世界紀錄的問題。最常見的問題都是小孩問的。小孩子聽說我花了十二個小時連續罰進兩千七百五十球之後，他們總是會問：「你不用上廁所嗎？」是的，我中間確實會為了上廁所而稍微休息，也必須吃點東西，再接著上場罰球。

在這個章節，我將回覆一些常被問及的問題。如果你也有疑問，希望有被我納入這個表單裡。

你能蒙眼罰球嗎？

比賽的時候，球員不會蒙著眼睛罰球，所以我沒做這樣的練習。我不是特技球高手。

雖然我常說，罰球的時候不需要盯著籃框看，但確實需要看籃框，至少出手之前必須瞥一眼。正確使用雙眼是投籃程序的一大重點。

你建議賽前如何為罰球做暖身？

為罰球做暖身，是賽前熱身運動的一個重要部分。站到罰球線之前，從靠近籃框的地方慢慢愈投愈遠，一樣用收緊手肘的方式出手。

在實際罰球之前看著一顆又一顆球破網而入，藉此建立信心。

一旦站到罰球線上，投幾顆球。用這段時間溫習七步驟。假如你連續罰中三球，練到這裡就好。如果投失一兩球，就投到連進三球或是更多為止。重點是在連續進球的狀態下結束暖身練習。讓自己知道已經找到罰球線上的手感，隨時準備面對關鍵時刻的到來。

如果你在比賽初期被犯規，要迫不及待站上罰球線。事實上，有些球員會一開賽就試圖製造對手的犯規，好讓自己可以在沒有賽末的時間壓力之下多投幾顆罰球。這能為他們增加罰球線上的自信，也同時在個人數據上多添幾分。用每一次罰進來鼓舞你的信心。告訴自己：罰進愈多球，下一次罰進的機率就愈高。

聽說像張伯倫那樣身材高大的球員比較難把球罰進，這是真的嗎？

這是關於罰球的諸多迷思之一。我認為張伯論罰球不佳的原因有二：他在自傳裡提到自己高中的時候曾經很擅長罰球。但後來膝蓋受傷，每當膝蓋用某種方式彎曲——恰好就是罰球時的彎曲方式——的時候就會感到疼痛。這正好證明了我的觀點，膝蓋彎曲確實是罰球的關鍵要點。少了良好的膝蓋彎曲，張伯倫很可能只用手臂的力量罰球，距離與準度便因此受損。

傷害張伯倫的另一件事就是罰球成績不佳所帶來的負面名聲。媒體總喜歡針對偉大球員，試圖找到他們的弱點來大書特書。罰球就是張伯倫的弱點——縱使他在球技的其它面向都無與倫比。體育記者不斷追問罰球的問題，於是罰球終於成了他無法克服的心理障礙。

或許高大球員罰球時確實比較難避免不必要的動作，而這可想而知會對準度造成一定程度的干擾。然而，有多少不會罰球的張伯倫，就有多少擅長罰球的高大球員作為反例。

聽說你的罰球能力來自一雙大手掌，這真的嗎？

首先，我的手掌並不大。事實上，對於身高兩百公分的我來說，它們甚至偏小。我不認為一個人的手掌大小對罰球能力有所影響。任何手掌尺寸正常的人都能成為優秀的罰球者。

有人說高大的球員罰球會有困難，又說手掌小的人不適合罰球。這些假消息可能都來自懶惰的球員。他們試著為自己在罰球線上的差

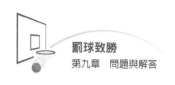

勁表現找藉口。真相其實很簡單：只要運用正確的投籃動作，規律練習，把心思控制好，就能達到優異的罰球水準。

收緊手肘的動作感覺起來真的很不自然。而且，我在外圍投射的時候，手肘都是向外突出的。一定要收緊手肘嗎？

我沒有要叫你改掉全部的投籃動作。如果你投外線的時候習慣讓手肘突出，沒有關係。很多厲害的球員都這麼做，效果也很好。球員把手肘架出去，通常是為了擋開防守者。但別忘了，罰球不一樣。沒有人防守你。沒有理由把手肘架出去。這樣做只會損害投籃的準度。

此外，收緊手肘是非常合理的動作。不管你現在在哪，假裝自己拿著籃球。盡可能讓手肘靠近肚臍。將手臂往前延伸，就會自然指向想像中的籃框。在手肘向外突出的狀態下重複這個動作。你會發現手臂往前延伸的同時，會劃過想像中的籃框，偏向籃框的一側。由此可知，用這樣的姿勢投籃多麼容易讓球偏左或偏右。

身為一個優良的射手，我不明白為何不能站上罰球線用跳投的方式投籃。

很多人都會這麼做——包括NBA球星。而我認為這就是多數球員做錯的地方。他們沒搞懂：罰球是一個具有特定要求與需要的獨特投籃。

如前面所述，罰球很接近定點投籃——雖然這個詞彙聽來老派。

從前的球員若在籃框附近無人防守，他會停下來，站穩雙腳，做定點投籃。這是最精準的投籃方式。

隨著防守者身形變得更大，侵略性變得更強，球員習慣用跳投來對付防守者。定點投籃漸漸被遺忘。當代球員的平均罰球命中率也開始下滑。這就是因為他們沒有在罰球線上使用定點投籃。

我個人的平均罰球命中率高達百分之九十八，我認為這足以證明我的罰球方式是壓力之下最管用的。誰在乎定點投籃是不是太老派呢？人們只會記得誰贏了比賽。

你懂什麼壓力？你現在又沒打籃球，不是在比賽中罰球。

可能失去最多的人，要承擔最大的壓力。現在的我是世界上最會罰球的人。如果有人挑戰我，而我輸了，我就會失去世界第一的頭銜。

沒錯，我承擔的並不是NBA球員那種壓力，但我依舊處在壓力之下。當我在《大衛深夜秀》上罰球，他們叫我一定要把前兩球罰進。他們甚至不給我執行慣例的六秒。（比賽中每次罰球都有十秒的時間。）我的兩耳分別戴著不同的耳機。當導播把鏡頭切到我這裡，製作人在我的耳朵大喊：「投！投！」而我還是兩罰都進。

人們也曾質疑我：「職業球員在比賽尾聲罰球，都是筋疲力竭。你罰球的時候又不累。」我花了十二個小時才打破世界紀錄。我可以告訴你，站在罰球線上十一個小時之後，我已油盡燈枯。而且，當時我七十一歲。

投籃的時候頭部應該要靜止不動嗎？

這可能是最常被引述的高爾夫球守則，現在也漸漸往罰球這個領域滲透了。可能因為高爾夫球是包括麥可喬丹在內的許多籃球員除了籃球之外最喜歡的運動。

打高爾夫球的時候，頭部保持靜止是很重要的，因為頭部是揮桿動作的「輪軸」。身體以頭為圓心旋轉，你當然不希望圓心前後擺動。然而，有些高爾夫球選手認為專心讓頭部保持靜止，會讓全身僵硬。

確實，罰球的時候應該除去所有不必要的動作。但我的原則是「簡單就好，笨也無妨」。我不想再多加東西給球員思考，罰球線上讓人緊張的因素已經夠多了。要試圖把頭部固定在一個地方，不如專心讓動作放鬆而順暢就好。

教練叫我罰球時要準備搶籃板，以防不進。你同意這樣的策略嗎？

你可能也聽說過有教練建議罰球時刻意把弧度拉高，如果不進，會比較容易拿到籃板。我無意冒犯這些教練，但你永遠都不該預期自己會失手。這種想法會動搖你的心理防線。站在罰球線上的時候，你要徹底相信自己會把球投進。

如果一天練一百顆罰球是好的，一天練投兩百顆是不是更好？

是的。如果你有時間練投那麼多球的話，請務必這麼做。更多的練習會給你更高的命中率，甚至可能為你贏得教練與球迷的關注。不要忘了，練習罰球的同時，你也在強化投籃的基本動作，可說是一石二鳥。

我一天練投五百顆罰球，那是因為我以百分之百的命中率為目標，而我實際的平均罰球命中率大概是百分之九十八。

不停的練習與維持，才能讓罰球技巧保持在高檔。要投入大筆時間，但當你必須在壓力之下罰進關鍵球，就會知道練習的每一分鐘都很值得。

要記住你的七步驟有點難，我真的需要為了投進一顆球做這麼多嗎？

不容易記住，你更應該覺得高興——這能幫你把心思從罰球時面臨的壓力上移開。每一個步驟都很重要。但這並不代表一個步驟沒做好，你的身體不會感受到，然後做出代償。記得要專注於過程，而非結果。只要程序做對，自然會有你要的結果。

略作練習之後，你就會發現實際的步驟很好記。一到兩段練習之後，你就能把這些步驟融合起來，讓身體自動執行。於是心理層面的步驟變得最為重要。找到充氣孔，用它將自己穩住，出手之前再以十五呎長的手臂的影像來消除所有疑慮。

更高的罰球命中率對我在場上的其它得分手段有幫助嗎？

跟我談論過的教練認為，罰球與三分球似乎有著強烈的關聯。原因有二：一是動作，二是信心。

許多投籃教練建議雙腳平行，就算跳投也一樣。我的罰球程序包括雙腳平行站在罰球線上。這對外圍投射來說是很好的訓練。當你看見自己的罰球命中率攀升，就會下意識在其它地方模仿相同的投射動作。

從事任何運動，信心都是成功的最關鍵元素。每次進球，你的信心都會提升——無論是罰球或是上籃。把球罰進，就是讓敵隊知道你的球技是全面性的。想要的話，他們可以繼續在你身上犯規，但代價就是丟掉兩分。投進的罰球愈多，你的實力水平就會升得愈高。

你曾說：「限制我們的並非自身的能力，而是自己的信念。」這句話是什麼意思？

「天生的運動員」一詞創造了不切實際的期待。大家普遍誤以為一個人的運動能力是出生時就註定好的——你被給予了某種程度的技巧，往後沒有太多改變的空間。

事實正好相反，許多偉大的運動員都在身心靈方面投注極大的努力之後才得到成功。知名高球選手班．霍根正值生涯顛峰之時，在一場車禍中受了重傷。醫生說他永遠不能走路了。結果，他不但學會行走，甚至重回職業賽場，奪下許多大賽冠軍。

到頭來，能讓我們得到最多進展的地方在心理層面。倘若你把自己看成一個輸家，或覺得自己很可能在關鍵時刻手軟，那麼你大概就會這樣。反之，如果你把自己看成一個冠軍等級的選手，學會該項運動的正確動作，並且勤於練習——你終將抵達那個等級。

罰球致勝：

7 個關鍵時刻突破僵局的罰球動作與心理技巧

FREE THROW: 7 Steps to Success at the Free Throw Line

作者　湯姆．安柏利醫生 Dr. Tom Amberry 、菲利普．李德 Philip Reed
譯者　蔡世偉
行銷企畫　劉妍伶
執行編輯　陳希林
封面設計　陳文德
內文構成　綠貝殼資訊有限公司

發行人　王榮文
出版發行　遠流出版事業股份有限公司
地址　臺北市中山北路一段 11 號 13 樓
客服電話　886-2-2571-0297
傳真　886-2-2571-0197
郵撥　0189456-1
著作權顧問　蕭雄淋律師
2021 年 09 月 01 日　初版一刷
定價新台幣 350 元
有著作權・侵害必究　Printed in Taiwan
ISBN　978-957-32-9263-0
遠流博識網　http://www.ylib.com　E-mail: ylib@ylib.com
（如有缺頁或破損，請寄回更換）

FREE THROW: 7 Steps to Success at the Free Throw Line
by Tom Amberry
Copyright ©1996 by Tom Amberry and Philip Reed
Complex Chinese Translation copyright © 2021
by Yuan Liou Publishing Co., Ltd.
Published by arrangement with HarperCollins Publishers, USA
through Bardon-Chinese Media Agency
博達著作權代理有限公司
ALL RIGHTS RESERVED

遠流出版公司

國家圖書館出版品預行編目（CIP）資料

罰球致勝：7 個關鍵時刻突破僵局的罰球動作與心理技巧／湯姆．安柏利（Tom Amberry）、菲利普．李德（Philip Reed）著；蔡世偉譯 . -- 初版 . -- 臺北市：遠流出版事業股份有限公司，2021.09
240 面；14.8×21 公分
譯自：Free throw : 7 steps to success at the free throw line
ISBN 978-957-32-9263-0（平裝）
1. 籃球
528.952　　110013477